中国新世代
チャイナ・ニュージェネレーション
小山ひとみ
Hitomi Oyama
LABELH
TG
LABELH
LABELH

1_2_アメリカ仕込みの英語でラップをするラッパー、ボーハン・フェニックス　3_中国のMCバトルイベント「Iron Mic」の創始者ダナ（下段の中央）と中国のラッパーたち。後列の左から2番目はダナと付き合いが長いラッパー、ダーゴウ　4_MCバトル番組『The Rap of China』に影響を受けてラップを始めた高校生ラッパー、リー・ホンシャン（前列右、黒Tシャツ）　5_オーディエンスの前でラップを披露するダーゴウ

6_アイドルバトル番組『Idol Producer』人気ナンバー1のツァイ・シュークン（中央）。彼は見事に勝ち抜いてアイドルグループ「NINE PERCENT」のメンバーとしてデビューした　7_『Idol Producer』人気ナンバー2はチェン・リーノン（左）。彼も「NINE PERCENT」の一員としてデビューを飾った 写真提供:iQIYI

8_アイドルバトル番組『青春有你』にはトレーナー兼審査員として人気アイドルグループ「SEVENTEEN」のメンバー、シュー・ミンハオ(徐明浩)も登場した　9_火鍋を囲む『青春有你』のアイドル練習生たち。合宿生活を送る彼らにとって火鍋は最高のご馳走なのだ　写真提供:iQIYI

photo by Cosmo

photo by Cosmo

10_11_12_13
ファッションブランド
「ANGEL CHEN」2019秋冬コレクション。
中国の少数民族「チャン族」をテーマにしている

14_15_16
ファッションブランド「PRONOUNCE」の2020春夏コレクション。
西安（せいあん）の兵馬俑（へいばよう）をモチーフに取り入れるなど中国色を出した

15

14

photo by Giovanni Giannoni

16

photo by Vanni Bassetti

18

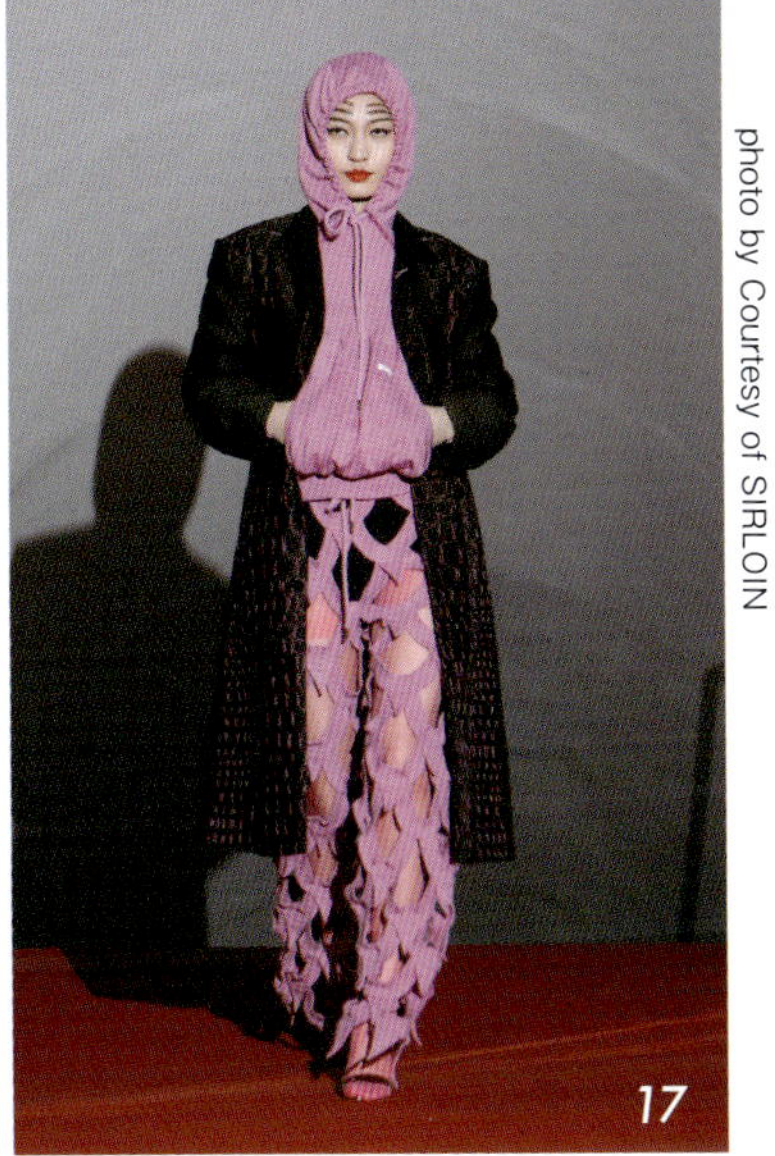

17

photo by Courtesy of SIRLOIN

photo by Cosmo

19

17_18_19_ファッションブランド「SIRLOIN」2019秋冬コレクション。17:クロコダイル革に見えるジャケットだが、実はポケット柄のステッチが入っている。パンツはスウェットシャツの襟部分を繋ぎ合わせたもの。18:ヘッドピースは「SIRLOIN」のアンダーウェアラインで使用しているウエストゴム。19:スタンバイ中のモデルたち

20_年2回上海で開催されるファッション・イベント「LABELHOOD」の会場
21_「LABELHOOD」屋外の会場で披露された「PRONOUNCE」2019春夏コレクション

photo by 姚远　20

photo by Cosmo　21

22_ファッションブランド「STAFFONLY」2017春夏コレクション
23_ファッションブランド「SHUSHU/TONG」2017秋冬コレクション

photo by Cosmo

photo by Cosmo

24_ファッションブランド「ANDREA JIAPEI LI」2017秋冬コレクション
25_ファッションブランド「Asian Dope Boys」デビューコレクションでスタンバイ中のモデルたち

26_上海でセレクトショップも経営しているインテリアデザイナーのジン・シャオウェイ
27_成都在住のイエン・リン。イギリス留学中にセレクトショップに魅せられ、現在は成都のショップによく足を運んでいる

photo by Hitomi Oyama

28_29_成都にある大型書店。中国では「立ち読み」ならぬ「座り読み」をよく目にする
30_自費出版の本が販売されることで人気を集めている「上海アートブックフェア」では、連日行列ができていた
31_「北京アートブックフェア」で販売されている自費出版のZINE

32_『The Rap of China』メインナビゲーターのウー・イーファン。彼は「BURBERRY」の広告に起用された
33_スマホの広告に起用されているのは、中国で大人気の女優ヤン・ミー。1年間で11本のドラマと映画に出演したこともある売れっ子だ
34_「shu uemura」の広告。大人気のアイドル、ワン・イーボー(左)が起用されている。彼は2019年に大ヒットした時代劇『The Untamed』の主演を務めた

photo by Hitomi Oyama

35_36_
1986年生まれの演出家、スン・シャオシンの作品。ネットカフェで深夜12時から夕方6時まで18時間にわたって公演された（観客の出入りは自由）

はじめに

私が中国カルチャーを追い始めてから、23年が経つ。

長らく中国カルチャーを見てきたが、2007年のスマホ登場、2008年の北京オリンピック以降、ここ10年の変化の速さは凄まじい。ソーシャルメディア、ヒップホップ、アイドル、ファッション、ドラマ、映画、インターネットセレブ……今までの中国にはなかった新しいカルチャーがどんどん誕生している。そして、その主役は常に「ミレニアルズ」だ。

彼・彼女らは、中国で初めて「自分探し」をし、「国産（MADE IN CHINA）」に誇りを持ち、海外資本の積極的な導入によって急に「全てが手に入るようになった」世代でもある。

ミレニアルズとは「1980年頃から2000年代始めに生まれた世代」の総称だ。2019年5月の時点で、中国の総人口は約13・90億人（日本の外務省HPより）。そのうちの約3割が「ミレニアル世代＝ミレニアルズ」というデータも発表されている（中国国家統計局調べ）。**中国のミレニアルズだけでも、なんと日本の総人口の3倍を超えている。**この数字から、ミレニアルズが持つ影響力の大きさが窺える。

そして中国にとって、この世代は特別と言える。1978年が「改革開放（※）」の年だったからだ。それ以降、中国はいわゆる「現代社会」に入っていった。国民は自分の生活や人生を自分で決めなければならなくなったのだ。

中国の若者やユースカルチャーの研究者、チャン・アンディン（张安定）はその変化を**「インディビジュアライゼーション（個人化）」**と語っているが、それこそが改革開放後に生まれたミレニアルズの特徴だ。

この「インディビジュアライゼーション」のことを聞いて思い出したのが、私が1996年に中国に留学していたときのことだ。当時、私と同世代かちょっと上の世代から、よく言われた言葉があった。「俺（私）たち中国人は（我们中国人）」「君たち日本人は（你们日本人）」という、複数形の主語だ。**彼・彼女たちは、自分のことを「個人」としてではなく、「中国に所属する人間」として語っていたのだ。**そして、私のことも同様に「個人」としてではなく、「日本に所属する人間」として見ていた。

あれから20年以上の時が経ち、今、私が親しくしているミレニアルズやZ世代（90年代後半～ゼロ年代生まれ）の若者たちが、「俺（私）たち中国人」「君たち日本人」という言い方をしているのをこれまで一度として聞いたことはない。**彼らは自分のことも私のことも、一人の「個人」として見て接してくれている。**国籍は違うけれど、リアルタイムで見ているドラマや映画、聴いている音楽、お気に入りのブランドなど、お互いに好きなものが似ている「個人」として話をしている感覚だ。私よりも日本のミュージシャンや芸能人に詳しい子もいるし、逆に、私が中国のアイドルやミュージシャンの話をすると「私より詳しい！」と驚かれたりする。このとき、インターネットの恩恵でボーダレスの時代になったんだということを改めて実感すると共に、これが「インディビジュアライゼーション」なのだと理解した。

1978年以降、中国は急速な発展をとげている。ミレニアルズは、その急速な発展の中で勉強し、働き、生活をしてきた。親世代と比べると圧倒的に多くの「チャンス」が出てきたのだ。そして、その「チャンス」を自分のものにしようと、「どういう生活をしたらいいか、どうしたら自分自身が安心できる生活が送れるのか」という「自分探し」を始めた。

ミレニアルズの親世代は、国から与えられた仕事に就く、国が用意した生活を送るという選択肢しかなかった時代を生きてきたので、「自分探し」を経ていない。だから、親に聞いても答えは見つからない。自分の道は自分で探していくしかないのだ。

今までの中国の人々とは明らかに異なる「ミレニアルズの生き方」に興味を持った私は、好奇心に突き動かされて中国に何度も赴き、現地のソーシャルメディアを駆使して、大きな変化の渦中にいる当事者へのインタビューを繰り返した。

本書はそんなミレニアルズの考え方、今までとは違う価値観、彼・彼女らが起こしているムーブメント、そこに込められた思いが詰まった1冊になった。

ミレニアルズが生み出しているポップカルチャーを通して、彼・彼女らが「希望」「喜び」「孤独」「苦しみ」など様々な感情を持ちながら生活を送っていることがわかってもらえるはずだ。ぜひ、興味のあるテーマから読み進めて欲しい。

中国のポップカルチャーに興味のある人はもちろん、今後（または今）、ビジネスやカルチャーの現場で中国ミレニアルズと接する人にとって、彼・彼女たちを単なる「消費者」としてだけでなく多面的に理解するうえで、本書を役立ててもらえたら嬉しい。

（※）1978年から中国で実施された経済政策。海外資本の積極的な導入などが行われ、市場経済への移行が推進された。

Column

Cover photo by Cosmo,Tong Chang,
Huang Zhihao,KillaiB,姚远,登登,Courtesy of SIRLOIN,Hitomi Oyama

Title page photo by Cosmo,
Huang Zhihao,KillaiB,Courtesy of SIRLOIN,Hitomi Oyama,姚远

第1章
オンライン
プラットフォームが生む
新しいエンタメ

ヒップホップ、アイドル、ストリートダンス

GoogleもTwitterもYouTubeも使用禁止

ご存知の方もいるかと思うが、現代の中国のカルチャーを語るうえで避けて通れないのが、政府によるネット規制の厳しさだ。

・Facebook
・Twitter
・LINE
・Instagram
・YouTube
・Google（もちろんGmailも）

といった、私たちが毎日当たり前に親しんでいるこれらのサービスは全て（通常ルートでは）アクセスNGとなっている。

しかし中国の人たちは規制に慣れっこで、「ダメなら自分たちで作ればいい」とこれまで幾度となくオリジナルのサービスを開発してきた。

例えば、Twitterに代わるのが「Weibo（微博、ウェイボー）」。Twitter同様、フォロワーに対して短文（当初はTwitterと同じ140文字以内という制限があったが、2016年11月以降は正式に文字数制限なし）を投稿するソーシャルメディアだ。**2018年のデータでは、Weiboの登録者数は7億人を超えている。Twitterユーザー数が世界で3億人台だから、それを優に超えていることになる。**

しかも、この7億人の中には中国人だけでなく、日本の俳優、歌手、アーティストも含まれているのだから驚きだ。例えば、きゃりーぱみゅぱみゅ、flumpool、EXILE、小栗旬、村上隆、などなど。中国のファンに向けて、写真と共に日本語でメッセージを入れたり、覚えたての中国語（間違っていたりするが、それがまた中国のファンにとって可愛かったりするのだろう）を書いたり。2018年12月、木村拓哉がWeiboを始めたことは、中国でも大きな話題を呼んだ（彼のアカウントは2019年11月の時点で、176万人以上のフォロワーがいる)。

中国版LINEと言われているのが**「WeChat(微信、ウェイシン)」で、登録アカウント数は11億を超える。その80パーセントを占めているのが35歳以下のユーザーなので、ミレニアルズの必須ツールだ。**

WeChatはオンラインでテキストや写真のやり取りができるだけでなく、光熱費の支払いやお金の振込ができたり、タクシーの呼び出しやホテルの予約、デリバリーの注文など、生活のあらゆる場面で役に立つインフラになっている。名刺代わりにWeChatのアカウントを交換し、仕事のクライアントとのやり取りもしている。ミレニアルズにとって、公私共に欠かせないツールがWeChatなのだ。まさに、日本人のLINEに近い存在だ。

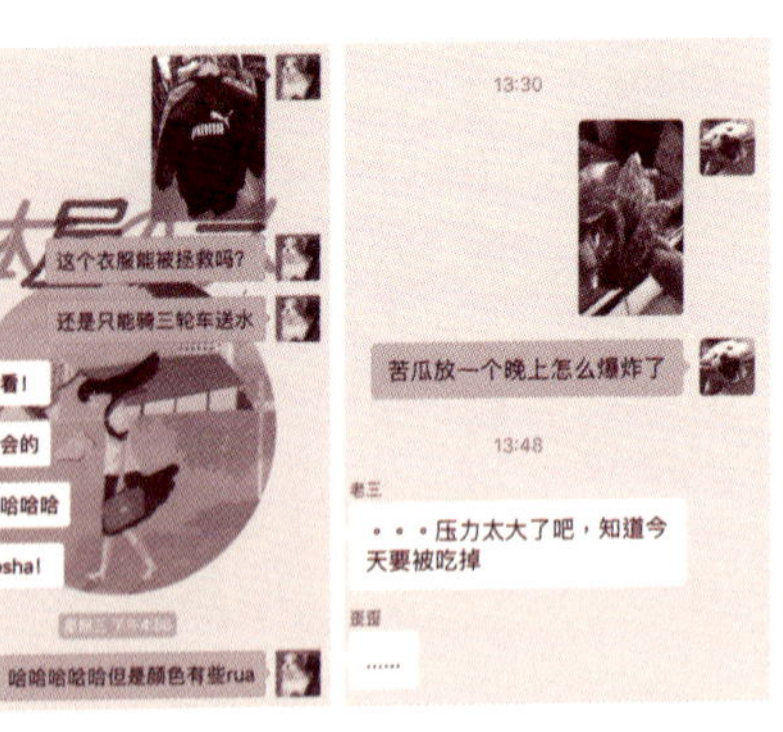

WeChatのチャット画面。
右:「苦瓜、一日置いたらこんな感じになってた」「……ストレス感じたんじゃない? 今日食べられるって」「……」
左:「この服、いけてる?」「なんか、配達員みたいじゃない?」「いいじゃん!」「そんなことないよ」「あはは」「goshaっぽい!」「あはは、でも色がruaだよね」goshaはロシアのファッションブランド「Gosha Rubchinskiy(ゴーシャ・ラブチンスキー)」のこと。ruaはネット用語で「イマイチ」の意味

YouTubeに代わる動画サイトは、ここ数年でぐっと増えている。登場した頃、「中国版YouTube」と言われていたのが「Youku（优酷、ヨウク）」。「Y」から始まるネーミングにしているところが憎い！（笑）。2012年には、ライバルの「Tudou（土豆、トゥドウ）」を株式交換により買収し、より強力になった。Youkuは現在、中国最大の通販サイト「AliExpress（阿里巴巴、アリババ）」の子会社が運営している。

動画サイトでユーザー数ナンバー1なのは、「iQIYI（爱奇艺、アイチーイー）」だ。2019年6月22日、iQIYIの有料会員数が1億人に達したことはニュースになった。2019年時点で、iQITIの有料会員は24歳以下が圧倒的多数だから、ミレニアルズ、Z世代から支持されるメディアであることは間違いない。そのほか、人気のアプリといえば、日本でもおなじみの「TikTok（抖音、ティックトック）」だ。毎日の利用者は、中国国内だけでも2・5億人を突破したというから、ミレニアルズやZ世代が夢中になっているのがわかる（TikTokのフォロワー数が80万人いるインターネットセレブのミレニアルズを第4章で紹介している）。

なければないでサービスを作り、（人口が多いので）ユーザー数で本家を上まわり、盛り上がってしまうのはなんとも凄まじいパワーである。規制のなかでも中国のミレニアルズやZ世代は、自国のソーシャルメディアをおおいに楽しんでいるのだ。

MCバトル番組『The Rap of China』

中国のミレニアルズは、日本の同世代と同様にテレビ番組を見なくなり、当たり前にオンライン番組を楽しむようになっている。複数ある動画プラットフォームのなかでも先述の「iQIYI」と「Tencent Video（腾讯视频、テンセントビデオ）」は、若者が夢中になるコンテンツを次から次へと配信して人気を集めている。

このニ大プラットフォームが配信したバトル番組が、中国で大きなムーブメントを巻き起こしている。 そのムーブメントのひとつがヒップホップだ。

2017年にiQIYIで放送されたMC（ラッパー）バトル番組『The Rap of China（中国有嘻哈、ザ・ラップ・オブ・チャイナ）』は日本でも話題になったので、知っている人もいるだろう。バトルに参加するのは18歳以上のラップに自信のある若者たち。審査を担当するのはプロの歌手やラッパーだ。彼らの厳しいジャッジを経て、優勝者には100万元（約1600万円：1元＝16円で計算）の賞金が与えられる。初回の放送では、728名のラッパーが70名になるまで淘汰されるという厳しさだ。

2017年6月24日の放送初回から10月29日の最終回まで、再生回数はトータルで28・6億回とのレポートもある。その数字が物語るように、**2017年は「ヒップホップ元年」として、中国じゅうがヒップホップ熱に沸いた。**

ところが「ヒップホップ元年」に中国が沸いたのもつかの間、**2018年1月には中国政府が「ヒップホップ文化は低俗」とし、ラッパーはテレビやラジオに出演禁止とされた。**日本のメディアでもこのニュースが相次いで報道され、話題になった。ヒップホップだけでなく「タトゥーのある芸能人や、サブカルチャーは低俗で悪趣味」であることから、中国のテレビやラジオでは扱わないように、との通達が出た。「中国からヒップホップが消える？」「ラッパーたちの未来はどうなる？」と、ファンは心から心配した。

それから3カ月が経った4月13日、『The Rap of China』シーズン2の出演者募集の情報が配信された。ヒップホップを取り巻く熱狂が冷めることはなく、中国語タイトルを『中国新说唱』と改めて継続が決定したのだ。

中国人ラッパーを育てる試み

中国で活動する1985年生まれのラッパー、ダーゴウ（大狗、Big Dog）は現在、武漢（ぶかん）在住だ。ラップを始めてすでに12年が経つ。中国のヒップホップ界で彼の名前を知らない人はいない。中国のMCバトル・イベント「Iron Mic（钢铁麦克、アイロン・マイク）」（※）で3年連続優勝という経歴が物語る通り、彼は実力派のラッパーであり、『The Rap of China』シーズン1に出演したことで、より大きな知名度を獲得した。番組の初回放送では、初めに

ラッパー　ダーゴウ

『The Rap of China』シーズン2の優勝者アイ・ラー（中央）
写真提供:iQIYI

ジャッジされるラッパーがダーゴウだった。そのとき、メインナビゲーターでもある審査員のウー・イーファン（呉亦凡、クリス・ウー）から「フリースタイルはできる？」と言われ、一瞬戸惑いの表情を見せたものの、Iron Micで培ったフリースタイルを披露し、見事に次のステージに進んだ。

※「Iron Mic」は2001年に上海でスタートした。このイベントを立ち上げたのはダナ（Dana）というアメリカ人。ダナは「中国ヒップホップ界のゴッドファーザー」と呼ばれており、90年代末に中国に渡って以来、ヒップホップを広めることに尽力している。

ダーゴウに『The Rap of China』について聞いた。

「ヒップホップのバトル番組が始まるらしいって噂は、周りのラッパーたちの間でも話題になっていたよ。これまで、

Iron Micを立ち上げたのはアメリカ人のダナ（前列の左から2番目）

ＭＣバトル番組なんてなかったし、Iron Micで優勝してからは運営側に回って仕事をしていたから、長いことバトルもやってなかったけど、出てみようかなという軽い気持ちだったんだ。それに、プロの制作サイドの仕事ってのも見てみたかったしね」

『The Rap of China』では途中で脱落してしまったダーゴウだったが、番組に出演したことで仕事が増え、北京の会社と契約を結び、ラッパーとして順風満帆の生活を送っていた。しかし、現実はそう簡単ではなかった。

「北京に1年ちょっといたんだけど、その間はラッパー人生で一番収入は良かったよ。でも、お金が手に入ると、良いことも悪いことも同時に起こるんだよね。ただただ、その悪いことからは距離を置きたいって思ったんだ」。負の連鎖が次から次へと起こり、北京の会社から離れ、武漢に戻ったダーゴウ。その後の半年間は、とにかく自分の気持ちを立て直すために過ごした。「でも、ヒップホップが好きな若者がラッパーとして仕事ができるようになって、みんなにも知ってもらえた。夢がかなったって思ったね」

ダーゴウは2019年に自分の会社を立ち上げた。契約を結んだ数名の若いラッパーを育て、オフラインの中国国内でのバトルイベント「Death Queen Island（死亡皇后島、通称DQI）」を開催している。「Iron Micのバックステージで長く仕事をしたから、Iron Micとは別の方法を取り入れたいって思ったんだ」。Iron Micは、中国各地でバトルイベントを開催し、それぞれの場所で優勝したラッパーが、年末の全国トップ1の座を目指して戦うという形式をとっていた。なので、一つの都市で年に一度しかバトルは開催されない。「スポーツの競技を手本にして、イベントに連続性を持たせたんだ。今は、毎月6都市でバトルイベントを開催して、それぞれの月の上位のラッパーには賞金を出してるよ」

オンライン番組で人気に火がついたヒップホップ。中国ではMCバトルや関連イベントが増えている。「あくまで俺個人の見解だけど、ラッパーにとってバトルってすごく重要だと思うんだよね。中国語の韻をうまく使って、その場で頭を使って次に繋げる言葉を考え出す。それはとにかく、場数を踏んで学んでいくしかないんだ。バトルを経て、プロのラッパーの職業性を学び、何よりもヒップホップを続けて欲しい」。DQIの賞金は、中国のどのバトルイベントよりも高額というから、ダーゴウの本気度が窺える。「まだスタートしたばかりで、会社としては赤字が続いているけどね」

ダーゴウによると、**中国の音楽アプリ上では毎日のようにヒップホップ好きな若者が自作のラップを発信している**という。「毎日100曲くらい上がるんじゃないかな。ひどいものもあれば、なかなかイケてるのもあるし、色々だよ」。2017年の番組がヒットし、ラップを始める人が増えている今、自分の会社に所属している若者には「フリースタイルができるようになれ。バトルイベントに参加して自分を磨け。そしてオリジナルのラップを作れ」と伝えていると語る。ヒップホップを死ぬ気でやっていきたいのか、どこまで時間をかけていきたいのか。彼らとは2年の契約を結び、その間一人ひとりの成長をみていく。

「中国のヒップホップがどうなって欲しいか？　理想を言えば、音楽ビジネスとして健全に動いてくれたらいいなって思うよね。本来、ラッパーたち音楽家がもらうべきお金がちゃんとその人の手に渡るように、権利とか法律がちゃんと機能するといいね。あとは上辺だけじゃなくて、本当にヒップホップを理解して、楽しんでくれる人がもっともっと増えて欲しい。そのためには中国にもっと賞金の高い、質のいいバトルイベントが増えるといいんだろうな。そのバトルイベントを勝ち抜いた人こそが、真のラッパーだと思うからね」

10年以上ヒップホップ界に身を置き、人気番組に出演し、自分が本当に欲しいもの、やるべきことを見つけたダーゴウは、中国ヒップホップ界の未来を担うラッパーを育てることに尽力している。

フリースタイルを極める高校2年生

『The Rap of China』を見てラップを始めた若者にも話を聞いた。2002年生まれのリー・ホンシャン（李鴻翔）は、湖南省の長沙生まれ、現在も長沙在住の高校2年生だ。

「初めてラップを聴いたのは、小学5年生のとき。音楽の授業で先生が長沙出身のグループの曲を聴かせてくれたんだ。長沙の方言で歌っていて、面白いって思ったよ」。その後、歌番組でヒップホップを聴いたことはあったけれど、自分でやろうと思ったのは、2017年の番組を見てから。「ラップという歌のスタイルがとにかくカッコいいって思ったんだ。見よう見まねで自分でもリリック（歌詞）を書いて歌ってみた」

2018年3月、リーは初めて長沙で開催されたフリースタイルのバトル番組に参加したが、一回戦で敗退。「他のラッパーたちと比べても、自分の経験不足が目立ったよね」。ちょうど、友人からの紹介で中国の先輩ラッパーと知り合った。彼と一緒に、二日に一度、夜10時から翌朝7時まで二人でフリースタイル・バトルをした。二人とも離れた場所で生活をしていたので、ソーシャルメディア上でやり取りをするというなんとも現代的な手法をとった。その生活を7カ月続け、2018年10月、Iron Micの長沙でのステージで見事優勝を果たした。「ラップって、特に人から学ぶことってないんだよね。生活みたいに自分で何となく身につけていくみたいな感じかな」

2019年に入ってからも、長沙で開催されるバトルにはできるだけ参加してきた。ダーゴウが主催する

高校生ラッパー
リー・ホンシャン

ＤＱＩでも、その月の優勝者として賞金３０００元（約4万８０００円）をもらった。「賞金は親に渡したよ。そのとき、初めてラップを始めたって伝えたんだ」。両親は学業に影響が出なければ、として反対はしていない。「父親は、俺が書いたリリックを歌ったりしてるよ」

２０１９年3月には初めて5曲入りのアルバムも発表した。「多くのラッパーが〝Money（お金）〟とか〝Pussy（女）〟とか〝Weed（大麻）〟をテーマに歌ったりしてるけど、全然興味ないね。俺の曲は、日常をテーマにしてるんだ」

6月には、長沙で開催された中国で最も有名な音楽フェスのひとつ「Strawberry Music Festival」の出演資格も得た。リーは着実に実力をつけながら知名度を上げているようだ。今後、彼の名前をどこかで目にすることになるかもしれない。「高校を卒業したら、もちろん大学に進学するよ。やっぱり学歴って重要だからね」。リーはしっかりと現実を見据えながら、夢中になれる音楽活動を続けているのだ。

中国西部で早くにヒップホップが根づいた成都

2018年1月、筆者は初めて四川省の成都を訪れた。中国人の友人からは「成都はナイトライフが充実しているし、中国のラップが以前から盛り上がっていた場所。北京や上海とはまた雰囲気が違うよ」と聞いていた。それに、『The Rap of China』に成都や重慶といった四川省出身のラッパーが数人出演していたのも印象に残っていた。

成都を訪れてまず驚いたのは、街中にスレンダーでおしゃれな若者が多いこと。特に、ストリート系のファッションを楽しんでいる人が目につく。また、成都市内の川沿いにはバーや飲み屋が無数に並んでいて、巨大なナイトライフ・ストリートと化していた。これまで何度も訪れて

成都のヒップホップシーンを早くから見てきたラビ

いた北京や上海ではお目にかかれなかった光景だ。

友人の紹介で、成都の伝説的なクラブNASA（2017年にクローズ）の元オーナーで、2018年5月に成都から上海に活動拠点を移し、ヒップホップ専門のクラブ Le Baron でジェネラル・マネージャーを務めているラビ（Rabbi）と知り合った。

ラビは、2015年にスタートした音楽レーベル dopeness の創設者でもあり、10年以上前から音楽評論家としても活動していた、成都で中国ヒップホップに長らく関わってきた存在だ。数年前、中国初のヒップホップ・フェス「ONE MIC（ワン・マイク）」を開催し話題も集めた。また、Iron Mic が7年目をむかえた2008年には、Iron Mic の主催者ダナと知り合い、Iron Mic の成都大会開催時には運営、審査員として積極的に関わった。

ラビいわく「**成都は中国西部のなかでも早くにヒップホップが根づいた街**」だという。Iron Mic がスタートした翌年の2002年、成都では初のヒップホップ・グループが誕生した。その後、2006年には成都でムーブメントを起こしたとも言われるグループ、BIG ZOO（ビッグ・ズー）が活動を開始している。「その頃から、成都ではヒップホップが盛り上がっていたよ」

中国だけでなく、アメリカや日本での公演も成功させている中国を代表するヒップホップグループ、Higher Brothers（更高兄弟、ハイアー・ブラザーズ）も成都を拠点に活動している。14年、テレビの歌バトル番組に出演した成都出身のシエ・ディ（謝帝）は、自作のラップを成都の方言で歌ったことで話題を呼び、高い評価を得た。今では多くのファンを抱えるラッパーの一人だ。比較的早くにヒップホップが根づいた場所ということからも、成都はラッパーを生みやすい土壌になっているのだろう。

『The Rap of China』に対して、ラビは「支持している」と語った。でも、「ヒップホップを本当に理解しているラッパーが、番組を通してもっと知られるといいよね。あ

ヒップホップ・フェス「ONE MIC」

とは、影響力のある芸能人がファンたちに興味をもたせて、そこを〝入り口〟に、彼らが本当のヒップホップに触れてくれたらいいな」とも語る。

ラビは、これまで韓国のラッパーを中国に招聘しイベントを企画するなど、韓国のラッパーとの繋がりも強い。韓国と中国のヒップホップ・シーンの違いについて質問してみると「韓国でも、〝The Rap of China〟のようなMCバトル番組はあったよね。でも、すでにその時期は過ぎているし、韓国は中国よりも早くからアメリカやヨーロッパの音楽シーンと繋がりもあったからね。だから、同じ土俵の上では比べられないかな」

中国では、ネット規制はあるものの、オリジナルの音楽アプリやコンテンツが増えているため、音楽に触れるルートは確実に増した。

取材中に知り合った1992年生まれのラッパー、ボーハン・フェニックス（Bohan Phoenix）はこんなことを語ってくれた。

「中国のヒップホップは〝The Rap of China〟が流行るよりもっと前に、アンダーグラウンド・カルチャーとして広まっていたんだ。でも当時はネットが普及していなかったから、番組のようにヒットするなんてことはあり得なかった。もしIron Micがスタートした頃にネットが普及していたら、中国のヒップホップは早々に盛り上がっていたと思うよ。〝The Rap of China〟は完全にエンターテインメントで、本当のヒップホップ精神を見せていたわけじゃない。ヒップホップとは何か、それを知らないで番組が盛り上がっているから、〝じゃあ俺も、フローつけて韻踏んで、ってやればラップっぽくなるかな〟なんて安易に手を出す人が出てきたなって感じる。番組がヒットしたからすぐにヒップホップ・ブームがくるというのは、あまりに急すぎるし早すぎる。それが正直な感想かな。中国のヒップホップは今、成長過程にあるんだ」

ラッパー
ボーハン・フェニックス

少数民族出身のラッパーたち

『The Rap of China』シーズン2では、「俺たちには5000年の歴史がある」「チャイニーズ・テイストを見せるときがきたんだ」といったセリフと共に「チャイニーズ・ヒップホップ」「チャイニーズ・カルチャー」を積極的に世界に広めていこうという試みが随所に垣間見られた。

また、何より印象深かったのは、シーズン2の出演者の一位と二位が、共に新疆(しんきょう)ウイグル自治区の少数民族出身のラッパーだったということだ。特に、二位のナーウーコーラー(那吾克热)が標準中国語とウイグル語をミックスして披露したラップにはフレッシュな魅力があったし、「ウイグルから北京に移り住み、ヒップホップの道を極めるために苦労した」という内容は、同じく都会で生活をし、夢に向かって歩んでいる地方出身者の共感を得ていた。

ナーウーコーラー(左)の標準中国語とウイグル語のラップに観客は痺れた
写真提供:iQIYI

優勝したアイ・ラー(左)も少数民族出身
写真提供:iQIYI

シーズン3は2019年6月14日に放送がスタートし、8月30日に最終回を迎えた。登場したラッパーたちは、シーズン2のラッパーたちの勢いやレベルの高さに比べると、素人の私の目から見ても、正直、全体的にやや弱い感じがした（私のWeChat上でも「シーズン3どうなの？」といったコメントを書いている友人がいた）。とはいえ、一位のラッパーを含め、上位まで進んだ出演者たちは十分な実力を備えたラッパーではあったことは間違いない。

私が個人的に番組を見て応援していたのは、風貌が全然ラッパーっぽくない、ある意味「ダサい」ラッパーのフーコースー（福克斯）だ。髪形、服装、全てが垢抜けていない。そんな彼も新疆ウイグル自治区出身だった（ただ、漢民族なのでウイグル語は喋れないはず）。しかし、ラッパーっぽくない風貌とは相反し、彼のチャイナテイストの

シーズン3で優勝したのは
成都出身のラッパー
ヤン・ホースー（右）
写真提供:iQIYI

メロディーやテーマ、なめらかなラップには魅力があった。ネット上では「彼がなぜ人気なのか謎」といった言葉も見られたが、ラップやラッパーの多様性を見せたという意味で、彼の存在は新しかった。残念ながら上位三位には入れなかったものの、シーズン3終了後も新たなオンライン番組やイベントに出演したりと、人気は衰えるどころか鰻登りのようだ。

10年以上にわたって地道にヒップホップの普及に努めてきた人々の存在、中国にヒップホップ・ブームを作った番組の存在。中国ヒップホップという大きな枠組みから見ると、この両者はいずれも必要なのだろう。地道に活動を続けてきた当事者であるラッパーからしたら、**エンターテインメント性が強く、ヒップホップ精神を見せていない番組に反感があるのも事実だ。**しかし番組をきっかけにヒップホップに興味を持ったミレニアルズ、Z世代は確実に存在している。立場

外見は垢抜けないけど
ラップはキレキレ
フーコースー
写真提供:iQIYI

や意見は様々だが、いずれにせよ中国では、ヒップホップの話題が尽きそうにないことは明らかだ。

アイドルバトル番組『Idol Producer』

『The Rap of China』のシーズン2が放送されたのと同じ2018年、iQIYIは男性アイドルのバトル番組『Idol Producer（偶像练习生、アイドル・プロデューサー）』を放送した（メインナビゲーターはチャン・イーシン〈张艺兴〉）。中国国内から集まり、審査を通過したアイドルを目指す100名の男子が主人公のリアリティーショーだ。番組が終わるまでのあいだ、彼らは「テラスハウス」さながら、共同生活をしてレッスンにあけくれ、様々な課題をクリアしていく。公演でのダンスのレベル、歌唱力、表現力などが評価基準になり、最終的に残った9名でアイドルグループを結成してデビューするのだ。

この番組では、視聴者がインターネットを通じて自分の「推しメン」に票を投じることで、デビューを後押しできる。この「視聴者参加型」の成功もあり、番組はあっという間に話題を呼んだ。中国のメディアによると、初回の放送1時間で1億回のビューがあったという。番組の影響力もあり、**2018年は「中国アイドル元年」とニュースになったほどだ。**

2018年4月6日、『Idol Producer』の最終回が生配信され、その舞台で最終的に残った9名で結成されたアイドルグループ、NINE PERCENT（ナイン・パーセント）のデビューが決定した。その日から、テレビ番組、オンライン番組、CM、雑誌などで彼らの姿を毎日のように見るようになった。2018年は、彼らが中国で最も稼いだ、最もメディアへの露出度の高いグループだったのは間違いない。彼らは1年半という期間限定のグループだったのですでに解散しているが、解散後も個々の活動は止まるところを知らない。

『Idol Producer』の参加者たち。ここからどんどん脱落者が出る
写真提供:iQIYI

私が『Idol Producer』の噂を聞いたのは２０１８年の2月だった。上海に住んでいる中国人の友人が「今、中国の若い子にムッチャ人気のアイドルバトル番組があるんだよ」と教えてくれたのだ。正直、これまで私が知っていた中国のテレビ番組といえば、セットや出演者の衣装が垢抜けなくて、どこか野暮ったい感じがした。「今の中国アイドルってどんな感じだろう？　どうせダサかったりするんでしょ（失礼ながら）」という、期待と疑いが半々の気持ちを抱きながら番組を見てみると……私の失礼な思い込みは、気持ちよく裏切られた。全体的に豪華すぎるほどお金がかかっているのがわかるし、そして、何よりも出演者の男子がみんな〝イケメンで色白で背が高くて礼儀正しい〟のが印象的だ。すぐに「これはヤバい！」と直感した。中国のテレビ番組に対する古いイメージで止まっていた私は、

NINE PERCENT
写真提供:iQIYI

スタイリッシュな衣装で舞台に立つ練習生たち　写真提供:iQIYI

『Idol Producer』に登場するアイドル練習生の男子たちが着ている衣装、トレーナー兼審査員である芸能人が着ている服がちゃんとコーディネートされた、スタイリッシュなものであることに驚いた。

セット、カメラワーク、編集も、私が知っている過去の番組の残念な面影は全く存在していなかった。とにかく、番組全体の作りがおしゃれなのだ。そして、何よりも（大事なことなのでもう一回言うが）登場する100名の男性アイドル練習生が〝イケメン〟〝細い〟〝色白〟〝背が高い〟そして〝礼儀正しい〟のである。私が知っている中国の男性アイドルは、どちらかといえば筋肉質でワイルド系のイケイケ男子が多かったと記憶している。しかし、この番組に登場する男子はみんな、身長は170cmから192cmのスレンダーな人ばかり。言ってしまえば彼らは〝韓国アイドルっぽい〟

のだった。

韓国アイドルからの影響

中国でも数年前から韓国アイドルブームが起きていることは知っていた。日本でもおなじみのBIGBANG、BTSは中国にも一定数のファンがいる。調べてみると、やはり**韓国のアイドル文化の影響があり、アイドルを目指し、韓国で歌やダンスのレッスンを受ける中国人男子が増えているらしい**。

番組に登場する男子は、一番年下で18歳、年上で27歳だったと記憶している。27歳の男性を年下の男子たちはみな「兄さん」と呼び、時に慕い、時にレッスン後の身体を心配する。トレーナーでもある彼らの憧れの芸能人がレッスンの様子を見に来ると、日本人もすでにしなくなった90度の角度でお辞儀をし、「老师好（先生お願いします）」と声を揃える。え？　中国の若い子ってこんなだっけ？　私の知り合いの大学生の中国人もさすがにここまでのお辞儀はしない。ここにも韓国のアイドル文化の影響があるようだ。韓国社会は先輩を立て、礼儀に厳しい文化だ。そういえば韓国のアイドルグループが先輩に会ってビシッと90度に腰を曲げているのを動画で見たことがある。

アイドルを目指すミレニアルズは、またとないこのチャンスを掴もうと必死だ。「この番組でアイドルになれなければ、田舎に帰って農家を継ぐ」と語っていた練習生もいた。農村部からやってきた彼らは「チャイニーズ・ドリーム」を手に入れるために戦っているのだ。

白熱するアイドルバトル番組

iQIYIとライバル関係にあるTencent Videoも、もちろん負けてはいない。2018年、『Idol Producer』の放送が終了した数日後、Tencent Videoは女性アイドルグルー

練習生たちのお辞儀は圧巻だ
写真提供:IQIYI

プをデビューさせるバトル番組『Produce 101（創造101、プロデュース101）』の放送をスタートさせた。

『Produce 101』は『Idol Producer』と同様に審査に通ったアイドル志望の101名の女性が共同生活を送る。こちらでも、視聴者は「推しメン」に票を投じ、自らもプロデューサーとしてグループ誕生に関与できる。こちらの**初回放送の再生回数は2・1億回とのことで、2018年の「アイドル元年」の盛り上がりに拍車をかけることになった**。2018年6月23日の最終回は生配信され、11人組の女性アイドルグループ「Rocket Girls 101（火箭少女101、ロケット・ガールズ101）」が誕生した。

2019年は『Idol Producer』『Produce 101』のシーズン2が放送されただけでなく、二大アイドル番組に遅れをとるなとばかりに、別の動画配信プラットフォームでもアイドルのバトル番組がスタートした。2019年はまさに「アイドル戦国時代」が到来したのだった。

『The Rap of China』『Idol Producer』『Produce 101』。これらのオンライン番組を見ていて面白い共通点に気づいた。まず、「メインナビゲーターがＥＸＯ（エクソ）のメンバー」ということだ。ＥＸＯとは、２０１２年に韓国と中国でデビューを果たした韓国国籍、中国国籍の男性で構成されるアイドルグループ。現在、中国国籍のメンバーはほぼ脱退しており、彼ら（ウー・イーファン、チャン・イーシン、ホアン・ズータオ、ルハン）は中国をメインに個々に芸能活動を続けている。ＣＭやテレビ、オンライン番組、映画出演など、彼

『The Rap of China』のメインナビゲーター
ウー・イーファン
写真提供:iQIYI

『Idol Producer』のメインナビゲーター、チャン・イーシン
写真提供:iQIYI

らの活動はとどまるところを知らない。中国の街を歩いていると、彼らがイメージキャラクターを務める広告を毎日どこかで目にするほどだ。芸能界の先輩である彼らを番組のメインナビゲーターにしたことで、番組の視聴率は一気に上がった。

もう一つの共通点は、番組のスポンサーだ。メイン視聴者であるミレニアルズやZ世代の彼・彼女たちはスマホ世代である。スマホの会社やアプリがスポンサーについていることから、まさにその世代をターゲットにしているのは明らか。日本と違い、中国ではシーンとシーンの間に「さりげなく」ではなく「とてもわざとらしく」それらのスポンサーのロゴや商品が挟み込まれるのも見ていて面白いポイントの一つだ。

ラップするアイドル、アイドルになるラッパー

番組でバトルに参加していた出演者にも共通点があった。ヒップホップとアイドルは一見するとイコールでは繋がらないが、『The Rap of China』『Idol Producer』の両方に出演している人が複数いたのだ。『The Rap of China』シーズン1で残念ながら途中で敗退した

シャオグイ（小鬼）は、『Idol Producer』シーズン1に出演し、晴れてNINE PERCENTのメンバーとしてデビューを果たした。彼はNINE PERCENTの楽曲で滑らかなラップを披露している。

逆のパターンとして、『Idol Producer』シーズン1に出演していたアイドル練習生のシュー・シェンアン（徐圣恩）は、１００名から20名までの上位に進んだが脱落し、『The Rap of China』シーズン2に出演した。出演者から「アイドルがラップかよ」とディスられる場面もあったが、審査員からは「安定している」という称賛の声も聞かれた。

女性でいえば、『The Rap of China』シーズン1に出演していたヤミー（郭颖、Yamy）は、途中で敗退したものの『Produce 101』でもオリジナルのラップを披露するなど人気は衰えず、晴れてRocket Girls 101の一員としてデビューを果たした。

中国ではラップもアイドルもストリートカルチャーの影響を受けているという共通点があり、また、その両番組を見ている視聴者は、同じ層ということが言える。「ストリートカルチャー好き」「イベント好き」そして「イケメン、美女好き」という共通点があるのだ。中国ミレニアルズは、中国総人口の30％の約4億人を占めているという。この番組のメインターゲットであるミレニアルズがすでに日本の総人口の3倍を超えていることを考えると、アイドル、ヒップホップが中国経済にもたらした効果は半端ではないことがわかるだろう。

アイドルが青少年の模範になる

2019年1月21日『Idol Producer』のシーズン2である『青春有你』の放送がスタートした。シーズン1の盛り上がりに続けとばかり、あっという間にiQIYI内で視聴率トップに駆け上がった。番組の流れとしてはシーズン1とほぼ変わらずで、出演者であるメインのトレーナー兼審

『Idol Producer』
シーズン2『青春有你』
写真提供:iQIYI

査員のメンバーも同じだったし、バトル形式で練習生は共同生活を送りながら番組の収録が行われ、レベルに合わせて配布されるスウェットシャツの色も変わらなかった。

しかし、大きく異なっていることが一つあった。〝国家一級歌手〟〝国家一級ダンサー〟という肩書きの40代から70代までの4名が、新たに審査員として登場したのだ。〝国家一級〟とは簡単にいうと〝国が認めた一流の〟という意味だ。その〝国から認められた〟舞台人の大先輩である4名が、机を囲み、練習生たちの舞台上の成果を映像で見て評価する。「さすが2年レッスンを受けてきただけあるね。基礎ができているよ」「ポップスの中に中国的な要素をいれて、さらにラップとダンスでもってミックスさせる。多元的な表現で新しいね」などと、権威ある先輩たちが出演者を昔の自分の姿と重ねたりしながら、感想を述べ

みんな同じ
スウェットシャツを着て
がんばる
写真提供:iQIYI

合う。

この指導者の存在は、アイドル番組がオンラインの枠を超えて中国の一大産業になっていることの表れだろう（と私は勝手に断言する）。NINE PERCENTには中国じゅうの若者が夢中になっているし、お茶の間にも浸透して、親子でファンという人もいるくらいだ。たった1年で**〝アイドル〟という枠を超え、若者のオピニオンリーダー的な存在になったとも言える。それに応じて番組の方でも、「アイドルが青少年の模範になる」ということを積極的に示すようになった。**〝かっこいい〟〝背が高い〟というルックスの評価だけではなく、この番組のスローガン同様「越努力越優秀」（日本語で言うと「努力すれば優秀になれる」）ということを、若者にも伝えようとしている。実際、先輩たちは、背は低いけれどダンスがうまい男子や、14年間バレ

「国家一級」の先輩たち
写真提供iQIYI

エを続けてきたという、練習生のなかでも年齢が上の男子に高評価をつけていた。「君の努力は無駄ではない」というメッセージだ。

『青春有你』だけでなく、アイドルが青少年の模範生となっているのは、「アイドル運動会」を見ても顕著だ。日本でもかつてアイドル運動会やアイドル水泳大会がテレビで放送されていたが、中国でのそれは「中国全土の青少年を運動に導く」ためのメッセージ性が非常に強い。Tencent Videoで2019年11月1日から3日まで生配信された『超新星全运会』(直訳すると「若手スーパースター運動会」)は、会場の室内運動場に集まったアイドルファンたちの目の前でアイドルたちが本気で競技に臨んだ(しかも、毎日8時間開催し、それが生配信されたのだ!)。配信された番組を見てみると、アイドルたちのアスリート並みの身体能力が確認できる。例えばアーチェリー競技に出場するために、なんとこの日のために1年前からアーチェリー教室に通ったという猛者も数人いたのだから驚きだ。中には、この日のために高額のアーチェリー用具を購入した本格派もいた。

「かつての自分に勝ちたい」「努力は無駄ではないことを証明したい」そんな言葉を口にす

るアイドルたちの姿が放送され、「全国の青少年にも身体を鍛え、心身共に健全であって欲しい」というメッセージは番組の随所に見られた。また、eスポーツ（エレクトロニック・スポーツ）としてチーム戦でコンピューターゲームの競技をする場面も登場するなど、ミレニアルズやZ世代のライフスタイルにも合わせた見せ方をしていたのが印象的だった。

アイドルの共同生活

2019年のもう一つの驚きは、『青春有你』と同じスタイルのアイドル番組が別の動画サイトでも制作され、同じタイミングで放送されていたことだ。こちらも100名の男子が共同生活を送り、ダンスや歌を披露して勝ち上がっていくのだが、『青春有你』よりもさらに「若者の精神、肉体を育てる」という意味合いが強い。両番組に共通している〝共同生活〟というのは、日本の私たちが想像するような華やかな〝シェアハウス〟とは懸け離れたストイックな合宿だ。

中国では昔から、大学生になると基本的に全員が学内にある学生寮で共同生活を送る（高校からというケースもある）。一部屋4人、二段ベッドでの生活（寮によっては2人一部屋もある）がごくごく当たり前のことだ。番組でも同じ形式を取り入れているため、参加者の彼らにとっては、まるで学生生活の延長、または学生時代に戻ったような感じである。

さらに2019年4月6日、「アイドル戦国時代」を裏付けるようにまた別の動画サイトでもアイドル番組がスタートした。実は4月6日は『青春有你』の最終回の公開日であり、NINE PERCENTのデビュー1周年という重要な日だった。その日に新たなアイドル番組が始まるという、アイドルファンにとってはなんとも忙しい一日となった。

驚き疲れるのはまだ早い。日本では考えられないが、**これらの番組は、中国各地の〝アイドル村〟のような場所で**

二段ベッドで共同生活を送る
写真提供:iQIYI

アイドル村の前はファンとダフ屋でごった返していた
photo by Hitomi Oyama

収録、合宿生活が行われているのだ。『Idol Producer』『青春有你』の合宿は北京からバスで1時間ほどのところにある河北省の街で、もう一つの番組は無錫（むしゃく）という、上海から新幹線で2時間ほどの街で撮影が行われている。

参加者100名の若者の他に、番組に関わっている数多くのスタッフたちが敷地内で生活をしているようだ。敷地内にはコンビニもある（ファンはもちろん立入禁止）。ファンたちは、コンビニ近くの敷地ギリギリの場所で推しメンのアイドル練習生が買い物に来るのを寒い中待っていて、彼らが来るたびに声援を送る甲斐甲斐（かいがい）しい（たまにちょっと怖い）動画も上がっていた。

先ほども書いたが、4月6日に最終回を迎えた『青春有你』は『Idol Producer』同様に生配信され、またしても

UNINE誕生の瞬間
photo by Hitomi Oyama

9人組の男性アイドルグループが誕生した。グループ名は「UNINE（ユーナイン）」。UNINEが誕生した瞬間に、私も立ち会うことができた。ずっと応援していた練習生のデビューが決まり涙して喜ぶファン、9名に入れず泣き崩れる練習生の姿に涙するファンなど、私の周りは涙を流す人で溢れていた。番組が終わったのは夜中の12時。北京までの送迎バスに乗り、バスからの真っ暗な光景を見ながら、数分前までの熱狂とアイドル誕生の瞬間はまるで夢だったのではないかという気持ちでホテルに戻ったのだった。

4月6日以降、毎日のようにUNINEに関する情報が飛び交っている。オフショットを集めた動画が配信されたり、5月からは中国各地で彼らのデビュー曲を披露するファンミーティングも開催されたり。そして、一年を空けずにiQIYIは『Idol Producer』シーズン3として女性アイドルグループのバトル番組のスタートをアナウンスした。10月には、韓国の女性アイドルグループ、BLACKPINK（ブラックピンク）のタイ出身メンバー、リサが審査員兼トレーナーとして番組に参加することが発表され、すでに大きな注目を集めている。

中国アイドル産業の変化

２０１８年の『Idol Producer』ブーム以前にも、中国にはアイドルが存在していた。例えば、２００４年に放送がスタートした視聴者参加型のテレビオーディション番組『Super Girl（超级女声、スーパーガール）』は、２００６年のシーズン3まで続いた人気番組だった。歌手になりたい中国全土の女性が応募し、オーディションを受け、勝ち上がった女性数名が番組内でデビューを目指して戦うというリアリティーショーだ。２００５年のシーズン２で優勝し、無事にデビューを果たしたシンデレラガール、クリス・リー（李宇春）は、アメリカの「ＴＩＭＥ」誌の表紙を飾るなど、当時は大きな話題となった。その後も着実に知名度を上げていき、２０１６年に発表したアルバムの年間売り上げ枚数は６５６万枚を超えたという。

2018年の『Idol Producer』はそれを上回る人気を獲得し、社会現象になったと言える。

では、アイドル産業に身を置く当事者は、この番組とアイドルブームの2018年以前と以後をどのように見ているのだろうか。

追っかけをしている中国の若者がよく使っている、アイドルコンテンツに特化した「Owhat」というアプリがある。実際にアプリを開くと、大量のアイドルの写真が目に飛込んでくる。グッズを販売していたり、アイドルの最新情報や独占インタビューも掲載されていたりと盛りだくさんだ。Owhatは、現在30代の女性CEO、ディン・ジエ（丁杰）が2014年に始めた。彼女に、スタート当初からこれまで5年間の話を聞くことができた。

OwhatのCEO
ディン・ジエ（右から2番目）

――「Owhat」のようなアプリは、これまでほとんどなかったと思うのですが、どうしてアイドルに特化したアプリを作ろうと思ったのですか？　ディンさん自身、アイドルに興味があったのでしょうか？

ディン：いえ、実は私はアイドルには全く興味がなかったんですよ。それまでは、NGOで環境保護などの仕事をしていました。2014年は、ちょうどオンライン番組『Super Boy（快乐男声、スーパー・ボーイ）』のシーズン3が終わった頃で、その番組の出演者の男性がファンミーティングを行っている会場に行く機会があったんです。そこにいる大勢のファンの子たちを見て、「そうか、好きなアイドルがいれば、そこに行って他のファンたちとすぐに繋がって、コミュニティが生まれるんだ」っていうことに気づいたんですね。低コストでコミュニティが誕生するのが面白いなと。「彼・彼女たちが欲しいと思っているのに、足りていないことって何だろう？」と思ったのをきっかけにリサーチを始めて、アイドルに特化したアプリを作ることに決めたんです。

『Super Boy』は、前述した女性アイドル歌手のオーディション番組『Super Girl』の男性バージョンだ。2007年にシーズン1が、2017年にシーズン4が放送された。彼女はその人気番組の関連イベントの会場を訪れたというわけだ。

——それまで、アイドルのファンはどこで情報を得ていたんでしょうか？　何かプラットフォームはあったんですか？

ディン：以前は、アイドルの情報を得る場所として本人や事務所が発信しているWeiboか、「Baidu（百度、バイドゥ／中国最大の検索エンジン）」が運営する掲示板という、二つのプラットフォームしかなかったんですよね。なので、専用のアプリを作れば、需要があるんじゃないかと思いました。

——具体的に、Owhatが提供しているコンテンツにはどのようなものがあるのでしょうか？

ディン：Owhatでは、アイドルの最新情報をすばやく発信するだけでなく、他では手に入らないグッズや舞台裏のオフショット、独占インタビューを流すことで他のメディアと差別化しています。

　また、私たちのコンテンツの70％から80％が写真や映像といったビジュアルに関するものなので、その写真や映像はOwhat所属のスタッフチームが内容に合わせて撮影を行う完全なオリジナルです。去年からは、ＢtoＣ事業だけでなく、ＢtoＢ事業も盛んに行っていて、芸能事務所から依頼があればアイドルの写真や映像撮影も行っています。アイドル本人の価値を高めるための手助けをしているという感じですね。

――どんなサポートをしているんでしょうか？

ディン：例えば、フォロワー数が１０００万のアイドルがいるとすると、その１０００万から「熱狂的なファン」を探し出して、彼・彼女らがどのようなコミュニティの人間で、何が好きなのかを洗い出し、より満足するようなものを届けるようにお手伝いをする。できるだけそのアイドルが長く良い状態で活動が続けられるように、一緒にコンテンツを作っていくんです。

――現在、利用者は何人いますか？

ディン：２０１９年時点で約１０００万人の利用者がいます。そのうちの30％がアイドルの現場には必ず行って、必ずグッズを買う「熱狂的なファン」です。10代から30代の利用者が多く、最近は経済の発展にも関連していると思うのですが、母親と娘で一緒に一人のアイドルを応援しているという新しいタイプのファンもいますよ。

――2019年で5年目を迎えたOwhatですが、スタートした当初とこの1、2年で中国のアイドルに何か変化を感じますか？

ディン：2014年前後は、中国でもEXOとか少女時代といった韓国アイドルが人気でしたね。TFBOYSという中国オリジナルの3人組のアイドルグループも2013年にデビューしました。俳優出身のアイドルが出てきたのもその頃ですね。2017年はネット配信ドラマやオンライン番組で人気の出たアイドルが誕生するという新しい現象が起きて、2018年には『Idol Producer』などのオンラインのバトル番組という新しいスタイルから多くのアイドルが生まれました。オンラインからアイドルが誕生しているというのが、以前にはなかった新しい傾向じゃないでしょうか。

――それでは、ファンの変化はいかがですか？

ディン：流行のサイクルが速くなるにつれて、一人のアイドルをずっと追いかけるということが少なくなっているのかなと思っています。以前は、一人のアイドルを10年追いかけるというスタイルが当たり前だったのに、ここ最近は、複数のアイドルを同時に追いかけるというファンも多数出てきています。

——一途ではないんですね？

ディン：そうなんです。アイドルも他の消耗品同様、替えのきくファストファッションならぬ〝ファストアイドル〟のような感じに捉えている人も増えているんです。もちろん、一途なファンもいますよ。ただ、日本と違って中国のファンの多くが〝自分が求める基準〟がまだ定まっていないと言えるのかもしれないです。でも、1995年以降に生まれた若い世代は、子どもの頃から様々なものに触れてきたので、自分の欲しいものの基準が固まっている人が多くて、一途なファンが多いかもしれないです。

——そうなると、アイドルもファンを獲得するために必死でしょうね。

ディン：そうですね。昔のアイドルは、音楽とかドラマや映画などの良い作品を世に送り出すことでファンを楽しませてきましたが、今はそれだけではファンたちも物足りなくなっているんですよね。今は、アイドル個人がソーシャルメディア上で色々と発信する必要があるんです。作品だけで影響力を与えるというのは難しい世の中になっています。第三者が編集したものではなく、自分で責任をもってコンテンツを発信しなければいけない時代なので、そこのセンスや能力も問われる時代になっています。ですから、アイドルたちもそのことを十分に理解する必要があると思います。

――ディンさんから見て、中国のアイドル産業の未来は明るいと言えますか？

ディン：東アジア全体の特徴かもしれないのですが、アメリカなどと比べるとファンがグループで楽しむ傾向にありますよね。ファンクラブに入って、同じアイドルのファン同士で一緒に応援をするとか。そういう意味でも、中国のアイドル産業は、これからもこのコミュニティをターゲットにまだまだできることはあると思っていますし、どんどん大きくなって、面白い動きが出てくるはずです。

この話を聞いて、以前、北京で取材したある芸能事務所のＣＥＯが語ってくれた一言を思い出した。「中国のアイドル産業自体が始まったばかり。〝Idol Producer〟が与えた影響は大きい」と。**中国で多数のアイドルを抱える大きな芸能事務所でも設立が２００９年と**

いうから驚きだ。この10年でアイドル番組が増え、芸能事務所が増え、アイドルになりたい人も増えている。新しい産業にチャンスとばかりに飛びつく人たち。そして、その産業を支える多くのファンたち。Owhatは、アイドルとそのファンを育てたいと、新しいコンテンツ作りを続けている。

2019年3月、Owhatは北京に「Ospace」というレンタルスペースをオープンした。ライブハウスや録音スタジオ、レッスンスタジオをはじめ、アイドルのグッズを売るショップも完備しているという。アイドルとファンのためのスペースだ。すでに数カ月先まで予約でいっぱいだというから、中国でのアイドル産業の勢いはまだまだとどまるところを知らないようだ。

Ospaceで開催されたイベント
写真提供:Owhat

また、最近はタイの「BL（ボーイズラブ）」系ドラマにハマる中国人女子が増えているという。その熱に目をつけたOwhatは、2019年、タイと中国両国のアイドルを集めたイベントも開催した。中国のアイドルだけでなく、タイのアイドルにもハマる女子たちの出現に、中国のアイドルたちもファン獲得に向けたより一層の努力が必要になりそうだ。

『The Rap of China』と『Idol Producer』というiQIYIの二大人気番組が中国の若者カルチャーを生み、ムーブメントを作った。それは、視聴回数という数字を見ても、番組に出演したラッパーやアイドルのその後の活躍を見ても一目瞭然だ。

そのブームの裏側には、これまでヒップホップ・カル

タイと中国のアイドルが一堂に会したイベント
写真提供:Owhat

チャーをストリートで地道に普及させてきたIron Micのラッパーたちや、いち早く韓国にアイドル留学をして大変なトレーニングと競争を勝ち残ってきたEXOなど先輩アイドルたちの存在がある。そして今彼らが、後輩ラッパー、後輩アイドルたちを猛烈にプッシュしてカルチャーを育てているのだ。

ストリートダンスのバトル番組

もう一つ、ミレニアルズが夢中になっているオンライン番組がある。2018年2月からYoukuで放送されたストリートダンスのバトル番組『Street Dance of China（这！就是街舞）』だ。『Street Dance of China』の放送がスタートした1カ月後、iQIYIでも似たようなダンスバトル番組がスタートしたほか、2019年には『Street Dance of China』のシーズン2も放送されており、ダンスバトルはジャンルとしてかなり勢いがある。

『Street Dance of China』では、様々な分野のダンサーが集まってチーム戦を行い、最終的に個人戦で優勝者を決める。会場には中国の都市のストリートを模倣した巨大なセットが組まれ、ストリートで活動しているダンサーたちは、有名になる千載一遇のチャンスを逃すまいと、審査員にあの手この手でアピールする。審査員は、アイドル、ヒップホップのバトル番組同様、プロの歌手やアイドルが担当する。アイドルグループTFBOYSのイー・ヤンチエンシー（易烊千玺）（彼は子どもの頃からダンスレッスンを受けてきたのでダンスがうまい）や、元EXOのメンバーのホアン・ズータオ（黄子韬）も審査員の一人だ。

参加者の中には、売り出し中のアイドルもいる。ダンスの基礎は完璧で、身体は柔らかく、バク転などを披露して他の参加者をあっと言わせるのだが、他のダンサーたちは、「アイドルがストリートダンス？　来る場所を間違ってるんじゃない？」とディスる（バトルという番組の形式で少ない席の取り合いなのだから、そうなるのも仕方ない）。しかし、アイドル出身のホアンは、そんなダンサーたちの不満に直面しつつ、「俺はアイドルの定義を変えたいんだ！」と決心して、贔屓だと言われることに悩みつつも、自分のチームにアイドルを入れることで応援する。

海外で有名な「神」ダンサーJawn Ha（何展成）（ロサンゼルスを中心に活動するパ

フォーマンス集団Kinjaz〈キンジャズ〉のメンバー）も参加者として特別出演していたので、他の参加者が「なんで彼が？」と目を見開いて驚く場面もあった。彼と同じチームになれたダンサーたちにとっては、こんな夢のようなチャンスはまたとないだろう（なお、Jawn Haがそのまま優勝してしまうという展開にはならず、途中で脱落している）。

ここ数年、中国ではダンスブームが起きており、仕事帰りにスクールに通う会社員や、親に連れられてスクールに通う子どもたちが増えている。番組のダンサーたちが、自分の生活する街のダンススクールで先生として子どもや若者を指導しているというバックグラウンドも面白い。番組では、ダンサーたちの日常を追った映像も紹介されるので、彼・彼女たちがいかにダンスに生活を捧げているのかがわかる。その場面には感動を覚える。

Column

中国でバンドブーム再到来?

ヒップホップやアイドルブームに押され、バンドマンがモテる時代はすっかり終わってしまったが、中国では90年代にバンドブームがあった。2019年、iQIYIは新たにバンドブームを仕掛けるべく(?)、5月から8月までオンライン・エンターテインメント番組『The Big Band(乐队的夏天、バンドの夏)』を放送した。タイトルだけを見るとベタな青春ドラマや映画のように思えてしまうが、バンドのバトル番組である。

『The Big Band』はすでに知名度のある実力派バンドから90年代生まれのメンバーで構成された若手バンドまで31組を一堂に集め、最終的に「視聴者や音楽関係者からの投票でベスト5が決まる」という構成だ。放送がスタートするやいなや、番組を見たミレニアルズによる「超感動的!」「ロックを聴きたくなった!」などのコメントがソーシャルメディアで目についた。「何が〝超感動的〟なの?」と思って番組を見始めると、すぐにその理由がわかった。

バンドマンたちの過去の映像や日常の映像が随所随所に差し込まれていて、その映像が視聴者たちの感動を呼んでいたのだ。

「バンドだけでは食べていけない」という厳しい現実は、日本でも中国でも同じ。2005年に結成されたあるバンドのボーカリストは、平日は会社員としてパソコンに向き合い、仕事を終えた後の夜や週末にメンバーとスタジオに入ってリハーサルをしている。10

New Pantsのメンバー。Tシャツのイラストはボーカルのペン・レイの作品だ　写真提供:iQIYI

年齢を重ねても相変わらず魅力的なペン・レイ　写真提供:iQIYI

年以上続けてきたバンドだけれど、それだけでは生活はできない。それでも諦めることなく音楽活動に打ち込んできたという、彼のひたむきな姿に視聴者は心を動かされたのだった。

　出演者の私生活まで包み隠さず見せるというのは、ヒップホップやアイドルのバトル番組と大きく違っているポイントだ。

　ちなみに私個人にとっての「超感動的」要素は、大好きなバンド「New Pants（新裤子、ニューパンツ）」が出演していたことだ。私が北京で生活をしていた2000年初め、中国ロック界のスーパースター的存在だったNew Pants。ライブや彼らが出演するフェスには何度も足を運んだし、ボーカルのペン・レイ（彭磊）が制作した絵の個展や映画上映会にも行き、インタビューをしたこともある。私にとっての「青春」といっても過言ではない存在だった。『The Big Band』に登場したNew Pantsのメンバーは、若干老けていたもののまだ声が出ていて、懸命にロックしている姿にただただ感極まり、またライブに足を運びたくなった。

『The Big Band』の放送が終了し、そのままバンド熱が冷めるのかと思いきや、その1週間後、今度はYouku（优酷、ヨウク）で『Let's Band（一起乐队吧、バンドやろうよ）』というバトル番組がスタートした。75名の音楽好きな若者が様々な課題をクリアしながらパフォーマンスを披露し、勝ち残った数名でバンドを結成する。最終的に優勝したバンドがデビューを果たすという、一からバンドを作るという番組だ。優勝した5名のメンバーはいずれもミレニアルズだった（メインボーカリストは1995年生まれのイケメン！）。

来年放送予定の『The Big Band』シーズン2の準備もすでにスタートしていると聞くし、ヒップホップ、アイドルに続いてバンドシーンからも目が離せなくなりそうだ。未だかつてない勢いで経済が発展している中国。人と人との信頼関係が薄れている現代。しかし、『The Big Band』に登場するバンドマンのひたむきな姿を見ていると、人間の本質的な部分はそれほど変わっていないのかもしれない、という気にさせられるのだ。

第2章

ファッション業界を牽引するミレニアルズ

新世代のデザイナーとファッションの最前線

華開く中国のファッション業界

北京や上海の街を歩いていると、「本当におしゃれな若者が増えたな」と思う。私が北京に留学していた1996年当時の北京は、アーティストや映画・演劇関係者、ミュージシャンが集う文化の中心地ではあったものの、東京から来た私の目には街も人もグレー一色で、なんとなく寂しい印象を受けたものだ。あれから23年が経ち、北京や上海は、ページをめくるようにしてどんどんとその景色を変え、街を行き交う人たちのファッションを色鮮やかなものにしていった。

北京が今の姿になった転機は2001年。7年後に北京オリンピックを開催することが決定したときだった。2003年に北京にある中国国営のラジオ局で勤務していた私の目の前で、北京市の再開発が急ピッチで進んでいった。一方で上海も、2010年の上海万博前は再開発が進んでいたと聞く。中国の二大都市である北京と上海は、1カ月もすると全く別の姿に変わっているほどの勢いで開発が続いている。

ミレニアルズの親世代が若い頃は、中国にはファッションという概念がほとんど定着していなかったことを考えると、ミレニアルズのファッション感度の高さには舌を巻く。しかも、彼・彼女たちのファッションへの関わり方は、単に「ブランド物が好き」だとか「爆買い」といったステレオタイプでは全く掴み切れないほどに多様だ。本章では多方面に拡大するファッションシーンについて、ファッションコンサルタント、デザイナー、ファッション・イベントの主催者などに、日本と中国のファッションシーンの違いや、若者たちの消費スタイル、上海ファッションシーンの急激な成長について話を聞いた。

日本ブランドの中国進出

近年、「日本のブランドやセレクトショップが中国に進出」というニュースをよく目にする。例えば2019年、日本のスポーツファッションブランド「オニツカタイガー」が70周年記念として、中国のファッションブランドとコラボ商品を発表したことは日本でも話題になった。2019年8月には、日本のセレクトショップ「STUDIOUS（ステュディオス）」が上海の商業地区にあるショッピングモールにオープンし、開店初日は多くの買い物客で賑わっていたと聞く。今後も戦略的に「中国進出」を考える日本のブランド／企業は増えていくことだろう。

日本と中国のファッションシーンの違いについて、専門家に話を聞いた。1985年、上海生まれのユメ（Yume）は、現在、東京でフリーランスのファッションコンサルタントとして、日本、中国、ヨーロッパのファッション業界と仕事をしている。メルボルンの大学に留学経験があるため、英語も堪能。日本語は上海にいた頃から独学で勉強しており、3ヶ国語を操る才女だ。大学卒業後、文化服装学院でデザインやパターンなどを4年間勉強し、東京のアパレルブランド、セレクトショップでの販売を経験して、2018年9月からフリーランスで活動している。彼女は上海ファッションウィーク（上海时装周／上海市を挙げて行われる大型ファッションイベント）の時期にはいつも

ブランド「SIRLOIN」の
ショーに出演した時のユメ

上海に帰り、ファッションショーやショールームに足を運ぶことで業界の動向を追ってきた。

「中国のファッションマーケットは、これからもっと伸びていくと思いますよ。ただ、ヨーロッパや日本のブランドから〝中国に進出したい〟と相談されることがあるんですが、そう簡単ではないと思っています」。その大きな理由としては「中国人との付き合い方をまずは理解しないといけない」から。「でも、日本のブランドは中国マーケットに入りやすいかもしれません」とも続ける。それは、中国の消費者からしたら「日本ブランド＝安心、良質」と捉えている人が多いからだ。「ただ、自社の製品が中国のどのお店で扱われるのかはちゃんと把握した方がいいですね」とユメは続ける。

上海、北京以外の都市にもセレクトショップが増えている今、自分のブランドをきちんと理解してくれるショップに巡り会い、届いて欲しい消費者に届かなければ、一過性の動きで終わってしまうという課題もある。

逆に中国のブランドは日本に受け入れられるのだろうか？　ユメの見解としては、「デザインにもよるけれど、例えば、チャイナテイストの服や腰が絞られているボディコン風の服は、今は日本ではウケない」という。「中国では受け入れられるデザインが、日本でも受け入れられるというわけではないんですよね」

以前、上海のショールームに参加した日本のデザイナーがびっくりしていたことを思い出した。「服を気に入ってくれたお客さんが〝腰の部分、もっと絞れますか？〟って聞くんですよ。日本ではオーバーサイズとか普通なのに、中国はとにかく痩せて見える服が好まれているみたい」。確かに、中国の娯楽番組などを見ていても芸能人の服はこれでもかと腰部分を絞った服が目につくし、上海や北京でも腰がキュッとした服を着ている女性は東京よりも多いという実感がある。

中国と日本のファッションシーンの違いについて、ユメはこう続けた。「日本では特別な場面じゃなくても、普段からデザイナーズブランドとか自分が好きなファッションを楽しんでいる人が多いけれど、中国だとファッションウィークとかクラブとか、そういう非日常の場面でしかファッションを楽しまない人が多い気がしますね」

東京には、原宿、渋谷、表参道、下北沢、高円寺など、おしゃれを楽しみたくなる街が多数ある。過去を振り返ってみても、ギャル、ロリータ、ゴスロリ、森ガールなど、その時代でファッションを軸に流行を作ってきた。東京で生活をしていると、日常的にファッションを楽しむということが普通になっているのかもしれない。

ファッションリーダー的存在の「代購」

デパートで服を購入することが多い親世代と比べて、ミレニアルズはデパートより個性的な服が揃うセレクトショップでデザイナーズブランドの服を買うことを好む。上海、北京などの大都市以外でもセレクトショップは増えているが、それでも地方で暮らすミレニアルズにとって、個性的な自分好みの服はなかなか手に入りにくいのが現状だ。**そんな地方のミレニアルズにとって嬉しいのが、WeChatでの「代購」だ**。「代購」とは自分の代わりに商品を購入してくれる人のことである。

大都市で生活する「代購」の若者は、セレクトショップに新作が入ったと情報を得るとすぐにお店に行って試着をし、写真と服の情報をWeChatにアップする。その情報を見た地方在住の若者たちが、代購に買いたい服を伝える。すると代わりに購入してくれ、指定の住所まで発送してくれるという流れだ。中には、海外で生活している留学生をアルバイトとして雇い、現地のショップで試着をした写真を送ってもらって、組織的に動いているケースもあるというから「代購ビジネス」恐るべしだ。

実は、元々ファッション業界にいた人が代購をしているケースも少なくなく、**地方都市のミレニアルズにとって、代購の彼・彼女たちがファッションリーダー的存在になっている**のだ。自分でコーディネイトできない人が、代購にアドバイスをもらって数着セットで購入というケースもあるらしいので、代購はもはや「一人セレクトショップ」の様相を呈(てい)している。

支払いには、もちろんWeChat Payなどの電子マネーを使う。WeChat一つで買い物も支払いも全てできるというのも「ザ・中国」だ。デザイナーズブランドだけに限らず、エルメス、ルイ・ヴィトン、グッチなどのハイブランドも代購から購入する若者が多い。

プロの代購はそのときのレートを把握していて、世界のどの都市で購入すればその商品が一番安く手に入るのかという情報網を持っている。その時々でパリや東京といった海外のショップに行って購入するのだ。凄腕の代購になると、ハイブランドの店員と仲良くなり、情報をいち早くゲットしている。代購から商品を買う人たちは、「この人に任せればちゃんと本物が購入できる」と信頼を寄せているようだ。

中国で代購が流行っているもう一つの理由として、「日本のように海外のビザが容易には取得できないから、自分で買いに行くより代購に頼んだ方が手っ取り早い」という事情もある。

ECでビジネスを展開する学生

中国では、実店舗よりもEC（エレクトロニックコマース＝電子商取引）がミレニアルズ、Z世代にとって欠かせない買い物ツールになっている。中国のECサイトといえば、国内最大手のIT企業、Alibaba（アリババ）グループが設立した「Taobao（淘宝网、タオバオ）」の名前を聞いたことがある人も多いはず。個人でも出店でき、出店料や出品料は無料。日本でいうヤフオクやメルカリのようなイメージの、いわゆるＣｔｏＣのプラットフォームだ。

２０１８年年末に発表されたデータによると、Taobaoの利用者は６億人を超えている。

ただ、その数字には、実際に購入するかしないかは置いておいて、「ただ見るだけ」の利用者も含む。それでも6億という数字はさすが中国だ。

実際にTaobaoでビジネスをしているミレニアルズがどれほど稼いでいるのか、話を聞いた。１９９６年、湖南省、長沙生まれのチョウ・ジアユー（周嘉玉）。彼女は現在、東京で生活をしている。武漢の大学でファッションデザインを学び、卒業後、２０１９年４月に東京にやってきた。２０２０年４月に文化服装学院の大学院への入学を目指し、現在は日本語学校に通っている。

２０１６年６月、大学2年生のとき、仲の良い友人二人と共同でTaobaoにブランド「COSMOS WAVEYU」のショップをオープンした。２０１９年の時点で7万人以上のフォロワーがいる。「大学生が実店舗を持つのは大変だけど、ネット上のショップだったら管理も楽だし」。ショップを始めるとき、3人で8万元（約128万円）を出し、生地を買ったり、制作費に当てたり、交通費など諸々の準備にお金をかけた（もちろん大学生にそんなお金があるわけはなく、家族が出してくれた）。初めて服を出品したとき、三日間のセールを開催。そのセールで20着ほど売れ、売上は約6000元（約9万6000円）だった。同年の冬になると売上は一気に増えていった。「これまで一番売れたときで、1日10万元（約160万円）っていうこともあった」。買ってくれた人が友人に紹介することで、どんどんファンが増えていった。

デザインは全てチョウが担当し、他の二人は運営や撮影などを担当している。モデルは

ブランド「COSMOS WAVEYU」のモデルはチョウ自ら担当している

チョウ本人だ。〝これまでショップを続けてきて一番嬉しかったことは？〟と聞くと、「長沙で映画を観に行ったとき、私たちのブランドの服を着た女性とたまたますれ違ったことがあって。あのときは、本当に嬉しかったな」

「夏になると売上がぐっと減るからなんとも言えないけれど」と前置きがありながらも、売り上げが良いときは、ワンシーズンで一人あたり2万元（約320万円）の収入があることも。「でも、一年に一回くらいしかないけどね」

このように、**中国国内での取引の場としてのECとしてだけでなく、ここ数年、中国の大手EC企業は、こぞってファッション業界に参入している。**例えば、2018年2月のニューヨークファッションウィーク会期中、アメリカファッションデザイナー協議会（CFDA）」が、Alibabaのオンラインショッピングモール「Tmall（天猫）」とタッグを組み、中国デザイナーのブランドを集めた「China Day」というランウェイショーを開催したことは大きな話題になった。

このように、リアル店舗とオンライン両方が整備されている状況は、中国のデザイナーたちはもちろんのこと、中国以外の若手デザイナーたちにとってもビジネスチャンスと言える。

世界を股にかける中国出身デザイナー

欧米都市のファッション名門校で頭角を表す、中国の若きデザイナーたちが増えている。ここからは、今、注目を集めている中国ミレニアルズのデザイナーを紹介しながら、中国ファッションの動向と未来を読み解いていこう。

ここ数年、世界のファッションアワードなどで中国人デザイナーの名前を見ることが多くなった。特に、ミレニアルズのデザイナーの名前を様々なところで目にする。2018年に発表された2017／18インターナショナル・ウールマーク・プライズアジア地区大会にノミネートされた9ブランドのうち、3ブランド（香港を入れると4ブランド）が中国ミレニアルズのブランドだ（日本からは2ブランドがノミネート）。また、H&Mデザイン・アワード2016のファイナリストにも、中国ミレニアルズのデザイナーの名前があった

（日本のデザイナーの名前は残念ながらなし）。グローバルに活躍する彼・彼女らには、いずれも欧米のファッションの名門校で学んだというバックグラウンドがある。

北京生まれのミレニアルズのデザイナー、リー・ジャーペイ（李佳佩）もその一人だ。現在、リーはニューヨーク在住で、自身のブランド「ANDREA JIAPEI LI（アンドレア・ジャーペイ・リー）」を運営している。**レディー・ガガやビョークが、リーがデザインした服を着たことでも名を知られることになった。**

リーはもともと、北京の大学でファッションデザインを専攻し、卒業後はニューヨークのパーソンズ美術大学の大学院への留学を選んだ。デザインという創作の勉強は北京で十分に学んだものの、ブランドをいかに「ビジネス」にするかという部分が欠けていたため、よりシビ

「ANDREA JIAPEI LI」
上海でのショー
photo by Hitomi Oyama

アにファッションビジネスを学べるニューヨークを選択したのだ。

本人いわく「ニューヨークが中国国内の学校と大きく違うのは、在学中に海外の大きな企業やブランドと仕事をするチャンスが与えられること」。実際に、在学中にＫＥＲＩＮＧ（ケリング）というフランスに本拠地をおく大手ファッション企業とのコラボレーション・プロジェクトに参加した。そのときの経験が卒業作品に反映され、パーソンズの卒業ショーで発表した作品はすぐさまニューヨークのDover Street Market（ドーバーストリート・マーケット）のバイヤーの目にとまり、展示開催と取り扱いが決まった。

その後も、Ｈ＆Ｍデザイン・アワード、ＬＶＭＨプライズにノミネートされるなどして海外に実力を見せ、着々と知名度を上げている。そして、２０１８年には経済誌「Forbes」の「30アンダー30（10分野において30歳未満の重要人物を30名選出）」のアジア枠にノミネートされた。また、２０１７／１８インターナショナル・ウールマーク・プライズのアメリカ地区大会の候補者にも選出されるなど、世界の様々な大舞台で彼女の才能が認められている。

リーは国外だけでなく、中国国内のファッションの動向にももちろん着目している。「欧米に留学した子たちが帰国して、自分のブランドを立ち上げたり、国内のファッションを動かしたりと確かに勢いは感じるわ。**海外から中国へ、という方向だけでなく、中国国内のブランドやファッションの動きを海外に発信していきたい、と情熱をもって動いている人たちも増えている**ことには感動すら覚えたわね」

彼女のようにニューヨークに留学し、そのまま中国に帰国せずにブランドを展開しているミレニアルズだけでなく、海外の有名校で学んだ後、中国に帰国してブランドを立ち上げて活躍しているミレニアルズのデザイナーも増えている。

デザイナー
チェン・アンチー

1991年、深圳生まれのチェン・アンチー（陈安琪）は、今、世界で最も注目を集めている中国人デザイナーだ。17歳で渡英し、セントラル・セント・マーチンズに入学。2014年にブランド「ANGEL CHEN」を設立した。現在は上海にアトリエを構えている。

ANGEL CHENの特徴として、赤、黄、青などのカラフルな色がふんだんに使われていることと、中国をはじめ東洋の要素が色濃く見られることが挙げられる。例えば2019秋冬コレクションでは、中国の四川省アバ地区で生活をする少数民族のチャン族をテーマにし

「ANGEL CHEN」
2019秋冬コレクション
photo by Cosmo

た作品を発表。チャン族の民族衣装や祭りで使用される道具などからインスピレーションを得たデザインに、ブランドのアイコンである赤、黄、青のビビッドなカラーが勢いよく登場した。

ANGEL CHENはすでに全世界の60以上の店舗で扱いがあり、ミラノ、ロンドン、パリのファッションウィークでもコレクションを発表するなど、上海だけでなく世界のファッションウィークも経験している。「Forbes」は2016年に「30アンダー30」のアジア枠でチェンを選出していたし、2019 インターナショナル・ウールマーク・プライズのファイナリストにもノミネートされた。これらの事実からも、世界の目がチェンに向けられていることがわかる。

さらにANGEL CHENにとって2019年の一番のビッグニュースは、9月21日から中国全土をはじめ、カナダ、シンガポールなどのH&Mの店舗、H&Mアメリカのオンラインショップで ANGEL CHENとH&Mのコラボ商品が発売されたことだった（残念ながら、日本の店舗での扱いは決まっていない）。H&Mが中国人デザイナーとコラボするのは初。

このニュースを聞いた中国のミレニアルズやZ世代は、自国のデザイナーの活躍を誇りに思ったはずだ。

世界のファッション界が注目する中国ブランドと中国マーケット。上海を拠点にするチェン本人は「**中国のマーケット自体もさらに開放的になっているし、政府の支援やサプライチェーンの整備、国内外のメディアからの注目度など、業界全体が変化していて、今はとてもいい時期**」と語っていた。「**10年前には想像できなかったけど、今の中国は若者が社会を動かしているんです**」。中国の若者の先駆者的存在のチェンは、次なる動きに向けて前進している。

「MADE IN CHINA」＝粗悪品はすでに変わった

海外の有名校出身のデザイナーがいる一方で、中国国内でほぼ独学で技術を身につけ、ブランドを展開しているミレニアルズもいる。1990年、北京生まれのデザイナー、リー・ユンザー（李昀择）はその一人だ。

ユンザーの経歴はなかなか珍しい。大学では法律専攻だったが、2年生で休学をして自身でファッションの研究を開始。3カ月パターンを習っただけで、あとは独学で服作りを覚えた。2011年には、在学中にスタートアップとして自分のブランド「TACITURNLI（タシトゥンリー、"沈黙"の意味）」を立ち上げた。

スタート時はアシスタントが一人いるだけだったが、今ではマーケティング、PR、販売、倉庫管理など、20人ほどのスタッフを抱えている。扱いのあるセレクトショップも、北京だけでなく、広州(こうしゅう)、成都(せいと)、長沙(ちょうさ)など各地に増え、売り上げも10倍に伸びている。その理由の一つを「生地からオリジナルで作るようになったこと、技術の高い工場と組むようになったことで、品質が向上した。それがブラン

デザイナー
リー・ユンザー

ド全体のイメージを引き上げたのでは」と彼は分析している。

ユンザーの例から読み解けるのは、**これまでの「MADE IN CHINA（メイド・イン・チャイナ）＝粗悪品」の概念はすでに崩れている**ということだ。不動の人気を誇る「MADE IN JAPAN」に比べ、「中国製＝安くて脆い」というイメージだったのがこれまでの時代だ。「今では日本製と引けを取らないプロダクト、工場の技術が生まれている」と、ある日本の縫製工場の工場長が語っていたのを思い出した。そこに優れたデザイン性がくっつけば、世界でも十分に通用する品質になる。

今のところ、TACITURNLIは目立った国外向けの宣伝をしておらず、主にWeChatやWeiboなどの中国国内のソーシャルメディアでPRをしている。しかし、たまたまショップに入ってきた海外からの旅行者が気に入って購入してくれることも最近では増えており、その中には、日本人もいる（ユンザー自身は大の日本好きで、ルックブックの撮影を沖縄で行うなど、これまで何度も日本に来ている）。

「生まれてからずっと競争の中で生活をしてきた」

２０１６年末に上海で誕生した「Random Clichés（ランダム・クリーシェズ）」は、パーソンズ美術大学の大学院を卒業したジン・ティエンファン（景天芳）と、杭州（こうしゅう）の大学でデザインを学んだパン・ユーウェイ（潘玉玮）が運営するブランドだ。ジンは海外で、パンは国内で経験を積んだ後に、中国でタッグを組んだ。２０１８年からは、服だけでなくアート的要素を取り入れた家具などのプロダクトのデザインもしている。

「誰もが見たことのあるプロダクトに手を加え、どこかク

「Random Clichés」がブランドとして初めて開催した展示
photo by Hitomi Oyama

デザイナー　ジン・ティエンファン（左）
パン・ユーウェイ（右）

スッと笑ってしまうような製品を作りたい。そして、手に取ってくれた人に新しい提案ができるようなブランドになったら」と二人は語る。

上の世代の中国人デザイナーとの違いについて聞くと、こんな答えが返ってきた。「上の世代のデザイナーは、周りの雑音に左右されずに自分のスタイルを維持して服に落とし込んでいる気がする。でも、私たち若い世代は、子どもの頃からネットに親しみ、簡単に情報の雑音に左右されてしまうのかも」

「**私たちは生まれてからずっと競争の中で生活をしてきた。だから、人には負けたくないと努力をしている人が多い気がする**」。ジンがパーソンズで勉強をしていたとき、クラスには18名の学生がいた。その半数が中国からの留学生で、さらにその半数が卒業後、ニューヨークに残り既存のブランドで仕事をしている。パーソンズの中国人の後輩には、卒業後、カルバン・クラインからオファーをもらった人もいる。人口が多い中国では、ライバルに埋もれないよう自ら手を挙げてチャンスをものにしていかないと芽が出ない。彼・彼女らはそれを生まれながらに自覚しており、海外でも当たり前のように実践しているのだ。

「でも、中国のミレニアルズは恵まれているのかも」とも語る。**ミレニアルズの親たちは、一人っ子政策の影響もあって、子どものためにとお金や精神面でのバックアップを惜しみなく注ぐ。**このあたりを加味すると、欧米の授業料の高い学校で留学している中国のミレニアルズの数が多いことには十分に納得がいく。

上の世代とは全く環境が違う中国ミレニアルズ

中国ミレニアルズからは「ダーおじさん」の呼び名で慕われているベテランのデザイナー、チャン・ダー（张达）は、2005年に自身のブランド「Boundless（没边）」を立ち上げた。彼は、自分たち世代と今の世代のデザイ

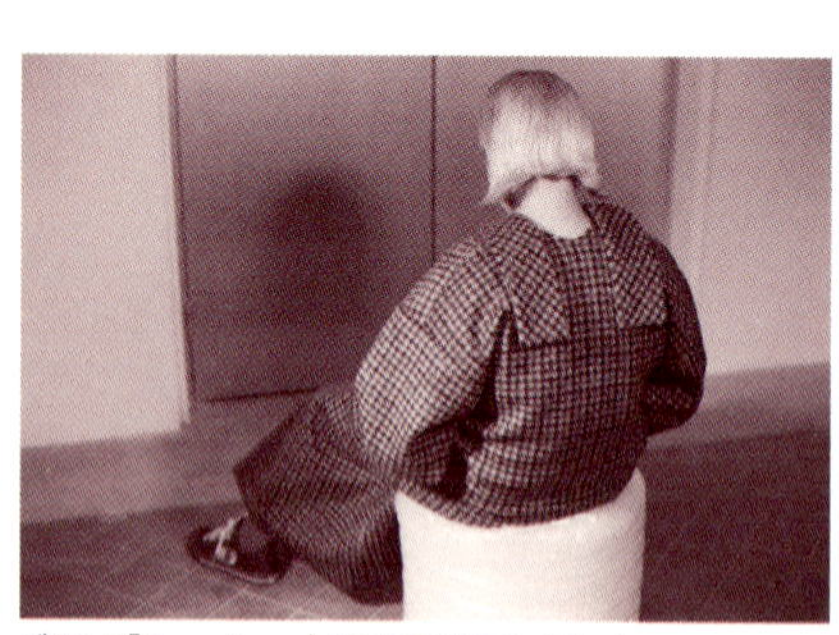

ブランド「Boundless」2018秋冬コレクション

ナーの違いをこう見ている。**「ミレニアルズのデザイナーのほとんどが、海外でのハイレベルな教育を経験している。彼らは英語で海外の関係者と直接やり取りできるし、ビジョンも高いし、デザインにはグローバルな要素が入っている」**

ちなみに中国政府は、2017年に「中国を離れ、海外に留学した人数が60万人を突破した」と発表している。そのうちの22万人以上が「修士課程」「博士課程」を修了したと言われており、その留学生の大半がミレニアルズなのだ。一方の日本では、「大学等が把握している日本人学生の海外留学状況」の2016年のデータでは、留学生は10万人未満とのこと。ただしここには社会人留学が含まれていないし、そもそもの人口が違うので単純に比較はできないが、留学する人の数は日本より中国の方が圧倒的に多い。

ダーおじさんに、今後の中国ファッション産業に対しての見解を聞いた。「ここ20年、中国経済は比較的順調に上り調子だった。それにともない、中国人も服にもお金を投じるようになった。でも、2〜3年前に経済が落ち込んだときには、百貨店がダメージを受けた。今後も、経済の動向にファッション業界が左右される可能性は大きいね」

1976年に文化大革命が終焉し、1978年の改革開放後に生まれた中国のミレニアルズは、私たちが想像する以上に上の世代とは全く違う環境で育ってきた。貪欲に外のものを吸収し、中国に持ち帰って新しい何かを生み出すことに意欲的だ。あるミレニアルズが、「今までなかったモノが、急に手に入る時代になった」と子どもの頃を振り返り語ってくれたのを覚えている。そんな時代を生きてきた彼・彼女たちは確実に中国ファッション界、いや、世界のファッション界を牽引しているのだ。

世界が注目する「上海ファッションウィーク」

中国国内のファッションシーンには、具体的にどのような動きがあるのだろうか？　上海で開催される大規模なイベント「上海ファッションウィーク」をレポートしてみよう。上海までは、東京から飛行機で約3時間。実はとても近い。毎年春と秋、上海虹橋国際空港から市内に移動する車からは、「上海时装周（上海ファッションウィーク）」のロゴと会期が書かれた幟（のぼり）があちらこちらに掲げられ、上海市を挙げての一大イベントとして位置づけられていることがわかる。

上海ファッションウィークが正式にファッションショーをスタートしたのが2003年のこと。中国にはそれよりも前の1997年に北京で始まった「チャイナ・ファッションウィーク」という、ランウェイショーだけでなく、デザインコンペなども併催している大規模なイベントがある。しかし、中国のファッション関係者、特に若手のファッション・ディレクターやデザイナー、バイヤー、ジャーナリストに聞くと、**「ファッションだったら上海！」**と口を揃えて話す。近年は、北京よりも上海のファッションウィークの方が注目されているようだ。

上海は1800年代にフランスの租界（そかい）（外国人居留地）だったという歴史的背景があり、海外からのカルチャー、異文化を受け入れる土壌が早くからあった。それが現代にも継承されているのだろう。**上海の人々が〝ファッション〟というヨーロッパのカルチャーを早くから受け入れ、おしゃれを楽しんできた**ことは、映画などでもしばしば表現されてきた。

また、上海市をはじめ、隣接する浙江省や江蘇省は中国のなかでも紡績業が盛んな地域と言われている。素材が手に入りやすく、かつ縫製工場も多数あり、周辺で暮らす人々は細やかな手作業も得意なのだとか。確かに、私が親しくしている中国人デザイナーの中にも、出身は違っても上海に移り住み、アトリエを構えて活動をしている人が少なくない。

もちろん、近年の上海の急速な発展を喜んでいない人もおり、「雑音に惑わされるのは嫌」という理由で、普段は上海から約1000km離れた厦門という街を拠点に服作りをしているデザイナーもいる。「上海はクリエーション発表の場」と割り切り、ファッションウィークやショールームの時期に上海にやってくるデザイナーも増えているようだ。

2018年春に開催された上海ファッションウィーク2018秋冬では、約100のランウェイショーが開催された。2年前と比較をするとショーの数は倍に増えたという。メイン会場となった上海新天地のオープニングを飾ったのは、2016年のブランド立ち上げからまだ数年しか経っていない若手メンズブランド「PRONOUNCE（プロナウンス）」だった。デザイナーは、イタリア・マランゴーニ学院メンズデザイン修士課程を修了したチョウ・ジュン（周俊）とセントラル・セント・マーチンズ修士課程を修了したリー・ユーシャン（李雨山）だ。現在、ミラノと上海を拠点にして服作りを行っている。

2018秋冬のテーマは「INFINITY（無限）」。ミラノの旅行中に集めた21枚の古いポストカードのトラディショナルなスーツ姿の男性からインスパイアされ、テーラードスーツと中国の人民服をミックスしつつ、〝無限の可能性〟を探究している。無限大の記号「∞」を、

チョウ・ジュン（右）
リー・ユーシャン（左）
photo by Su Yu

2018秋冬 上海ファッションウィークのメイン会場にて
「PRONOUNCE」のランウェイ
photo by Hitomi Oyama

チャイニーズノットやベストのステッチなどのディテールに起用した。ピンクやオレンジ色のニットは、内モンゴル産のウールを使用し、現地の女性たちが編み上げたハンドメイドだ。デザインもマテリアルも「中国」を全面に出したコレクションとなった。

中国のミレニアルズとZ世代が支える「LABELHOOD」

PRONOUNCEのコレクションを初めて見たのは、2016年10月、上海ファッションウィークの公式プログラムに組み込まれているイベント「LABELHOOD」でのショーだった。実は、私が上海ファッションウィークの会期中に上海を訪問するきっかけとなったのがLABELHOODだった。前述のダーおじさんがLABELHOODの前身のファッ

「PRONOUNCE」
上海での初めてのショー
photo by Cosmo

ションイベントに参加していたとき、1985年生まれの現LABELHOODのディレクター、リュウ・シンシャー（刘馨遐、Tasha Liu）を紹介してくれた。

LABELHOODは2016年に現在の名前になり、「Pioneer Fashion & Art Festival」というコンセプトのもと、若手のデザイナーに発表の場を与えるという位置づけで年2回、上海で開催されている。会期は4日間。朝から夜まで、ショー、展示、ポップアップストア、トークなど、今の若手デザイナーの動向がダイレクトに感じられるプログラムで構成されているのが特徴だ。政府をはじめ、協賛企業からのサポートも多い。スタッフ業務は10代から30代のボランティアが支えているという運営方法も興味深い。

LABELHOODのメインイベントはランウェイショー。

photo by Hitomi Oyama

photo by 登登

通常、ショーはバイヤーやメディア、一部の関係者しか観覧できないが、LABELHOODでは、1ブランドにつき2ステージ、または3ステージ開催しており、ファーストステージはバイヤーとメディア、VIPのためのショーだが、セカンドステージとサードステージは広く一般に解放されている。事前に観覧希望者が応募し、当選した人たちが参加できるという〝開かれたコレクション〟になっているのが特徴だ。

ただし関係者によると、応募すれば誰もが見られるというわけではなく、会場のキャパシティも踏まえて、LABELHOOD側が応募者の資料を見て、本当に観て欲しい人たちのみに観覧の権利を与えているという。ショーを観る権利を得られなかった人たちのために、ライ

ショー開催前は行列ができていた
photo by Hitomi Oyama

LABELHOODディレクター
リュウ・シンシャー

ブ配信を行うこともあった。LABELHOODのショーに参加することはステイタスでもあり、上海市内はもちろんのこと、わざわざ飛行機や列車で中国各地からこのイベントのためにやってくるファッション好きのミレニアルズも多い。

また、LABELHOODのランウェイショー参加ブランドをセレクトする審査員「ブランド・コミッティ」がシーズンごとに変わるというのも特徴だ。2018秋冬では、セレクトショップ「Lane Crawford（レーン・クロフォード）」のディレクターやファッション評論家のアンジェロ・フラッカヴェント、雑誌「Numéro China」の編集長など6名が審査を担当して、応募数合計約100ブランドから20ブランドを選定、ランウェイショーを披露した。その他、6ブランドがポップアップストアを、4ブランドが展

photo by Hitomi Oyama

ポップアップストアでは
好きなブランドの商品がその場で購入できる
photo by Hitomi Oyama

示を行った。過去に参加したブランドは、中華圏のブランド、または中国をベースに活動する海外ブランドがほとんどだが、2018秋冬は日本からの応募も増えた。

上海を拠点に活動する日本人デザイナー

LABELHOODに参加経験がある唯一の日本出身のデザイナーもいるということを特筆しておきたい。上海をベースに活動しているブランド「SIRLOIN（サーロイン）」の宇佐美麻緒だ。パートナーであるスウェーデン出身のデザイナー、アルヴェ・ラガークランツ（Alve Lagercrantz）と二人でデザインを手がけている。二人ともセントラル・セント・マーチンズ出身で、LABELHOODにはすでに4回参加している。中国国内でのファーストコレクションは、LABELHOODではなく、2017秋冬、上海のショールーム「TUBE SHOWROOM」だった。

「SIRLOIN」のファーストコレクションのインパクトは強烈だった。例えば、夏になると上海をはじめ中国各地の路上でよく目にする「Tシャツの裾を捲（まく）って（通称「北京ビキニ」）

涼んでいるお腹の出たおじさん」や、「シャツやスカートがパンツに挟まったままトイレから出てきてしまった女性」の姿。そんな思わず頬が緩む上海の日常の瞬間をそのまま服に落とし込んだのがSIRLOINだ。中国・上海で暮らし、クリエーションを行っている二人にしか考えつかない、オリジナリティに溢れたコレクションだ。

「SIRLOIN」デザイナー
アルヴェ・ラガークランツと宇佐美麻緒

「SIRLOIN」がLABELHOODで発表した
2019秋冬コレクション
photo by Courtesy of SIRLOIN

2019秋冬のLABELHOODでは、ハイブランドの相次ぐデザイナー交代に対する見解を取り入れたショーになっていた。自分たちがリタイアした40年後、そのときの新しいデザイナーがSIRLOINのアーカイブショーを行ったらどうなるか。「STUPIDE ELEGANCE（気品あるおばか）」をテーマに、1920年代のデザインをSIRLOIN流の解釈で見せた。遠目から見るとまるでクロコダイル革に見えるパンツやジャケット、コートは、近寄って見るとポケット柄だったり、「SIRLOIN」の文字が入った重厚なヘッドピースは、アンダーウェアラインで使用されるウエストゴムを活用した。さらに1920年代に流行ったパールのネックレスをグラフィックに落とし込んだTシャツやトレーナーを発表したりと、「気品」と「おばか」の境界線を絶妙に崩したコレクションとなっていた。「最近のファッションは真面目すぎる！　もっと面白くてもいいじゃない！」というメッセージがストレートに表現された素晴らしいショーだった。

1988年生まれの宇佐美さんは、2016年から上海を拠点に活動している。「中国はとにかく何をするにもスピードが速い。そこには良い面もあるし悪い面もある」と感じている。「私たちのファーストコレクションに興味を持って扱ってくれた中国のセレクトショップが、2シーズン目になると閉店していたというケースも少なくありません。そういうところは日本とは違いますね」

お金と人に余裕がある今の中国だからこそ、「やってみよう」「扱ってみよう」と新しいものに飛びつく勢いは強い。しかし、長期でプロダクトを扱い、デザイナーとの関係性も深めたいという考えは、日本よりは弱いのかもしれない。「あとは、日本と中国のバイヤーでもセレクトが違いますね。中国では、デザインがシンプル、上質なマテリアルを使用している、それだけではあまり売れないみたいです。ただ高いだけと思われてしまうんです」。**ECの勢いが強い中国では、オンラインで見てわかる、インパクトのあるものが好まれる傾向にあ**

「SIRLOIN」2018秋冬コレクション
photo by Courtesy of SIRLOIN

る。

その他に中国で活動を続けて感じたことも話してくれた。「ブランドを始めた頃、中国人のパタンナー（デザイン画をもとに型紙を起こす職人）とファッション史の共通認識がなくて大変だったこともあります。例えば、〝ヒッピーみたいな感じ〟と伝えても〝ヒッピーって何？〟と言われてしまったりとか」。そこで宇佐美さんたちは、パタンナーと一緒に上海のセレクトショップを回り、様々なデザインに触れてもらうようにした。「中国のパタンナーは、〝もっとも効率的な服を作る〟という認識の人が多いようなのですが、私からしたらパタンナーも着心地やフィット感などを考えて型紙を作るという理解だったので、ちょっとびっくりしましたね」。今後は、活動の拠点を日本に移すことも視野に入れながら、その時々での新たな可能性を探りながら動いていると語る宇佐美さんは、とても生き生きと今を楽しんでいるようだった。

消費者の成長と製品クオリティの向上

LABELHOODのディレクター、リュウは、ここまで中国のインディペンデントデザイナーの動向が注目されるようになった理由として以下の3点を挙げてくれた。

- 2008年の北京オリンピックを受け、経済だけでなくクリエイティブの世界においても中国の勢いが加速した
- 欧米に留学したミレニアルズのデザイナーが多く帰国し、国内で活躍している
- WeiboやWeChatなどが誕生したことで、ブランドが自ら情報を手軽に発信できるようになった

今までの時代とは明らかに違う、新たな潮流をチャンスと捉え、リュウ自身がLABELHOODをプラットフォームとして大きくしていったのだ。

もちろん、それらインディペンデントデザイナーが増えただけでなく、商品を購入する国内の消費者が育ってきたという背景もある。要因としては、LABELHOODだけでなく、中国各地に増えているセレクトショップの役割も大きい。**消費者が育つということは、消費者が製品に求めるクオリティも高くなっているということ。デザイン性だけでなく、質も問われるようになった。**「デザイナーズブランドも消費者のニーズを把握する必要がある。今、

デザイナーに必要なのは〝良きビジネスパートナーであること〟」と語る。リュウに言わせると「クリエイティブディレクター（デザイナー）とCEOを兼任するというのは、とうてい無理」ということだ。

2019年8月、LABELHOOD は「LABELHOOD YOUTOPIA」と題した2日間の新たなプラットフォームをスタートさせた。ファッションに興味のある高校生や大学生が参加できるファッションショーやトーク、さらにはリクルート相談の場を設けるなど、未来のファッションデザイナーを育てる試みだ。学生が発表した作品を来場者や世界で活躍する中国人デザイナー、ファッションメディアの編集長などが評価して投票し、上位の人には10月のLABELHOOD 2020春夏で発表できるという、デザイナー志望の学生にとっては夢のようなチャンスも用意されていた。「私たちは、消費者とブランドを繋ぐだけでなく、ファッション界の未来の星を育てる場も必要だと思っているんです」とリュウは今回の新たな活動の動機を語ってくれた。

さらに2018秋冬にはLABELHOOD の新しい試みとして、中国最大のECサイト

「Tmall（天猫）」と組んで、ショーに参加した4ブランドの商品を即購入できる仕組み「see now, buy now」を取り入れた。また、2018秋冬のショー前列には、イギリス在住のファッション・ブロガー、スージー・ロウ（Susie Lau、通称スージー・ロウ・バブル）を招聘している。私はそこから、上海のファッションシーン全体を盛り上げ、海外に発信していきたいという強い思いを感じた。

現地のジャーナリストからみた中国ファッションシーン

「LABELHOOD」をはじめ、勢いを増す上海ファッションウィークの動向を、筆者と同様3年前から追っているミレニアルズの中国人ジャーナリストがいる。1990年、武漢生まれ、現在北京のメディア「Qdaily（好奇心日報）」で働くリュウ・ルーティエン（刘璐天）だ。彼女とはLABELHOODの会場で知り合った。私たちは年二回、上海ファッションウィークで再会し、一緒に会場を回る仲間として情報交換をして交流を続けた。

「正直、最初はなんでこんなに盛り上がっているのか理解できなかったわ」。ルーティエンは初めて訪れた上海ファッションウィークの会場を見てそう思ったという。特にLABELHOODで見た若手ブランドの服は、「これどこで着るの？」というデザインがほとんどで、「着やすい、派手すぎない」という彼女が服に求めている基準から大きく逸脱したものばかりだったと過去を振り返る。「それでも、LABELHOODというプラットフォームが果たした役割は大きい」と続けた。「それまでファッションのレポートをしてこなかったメディアが、LABELHOODをきっかけに上海ファッションウィーク全体を報道するようになった」。LABELHOODがいかに多くの人、多くのプラットフォームに影響を与えてきたのかを改めて感じたという。「とはいっても、私の周りのファッションに興味ない友人たちにLABELHOODって言っても〝何それ？〟って感じだけどね」というリアルな一言も添えていた。

ルーティエンは「中国のファッションシーン全体に言えると思うんだけど」と前置きをしながら「**今欠けているのは、デザインに対して寛容であること、多様性を認めること**」と強調した。メディアもファッション業界内部の人間も、まだファッションがもつ多様性を認めていない人が目につくようだ。中国の大きなマーケットの中では、LABELHOODで発表しているブランドの知名度は高くない。それでも、上海ファッションウィーク、LABELHOODの成功に続けと、西安(せいあん)でもファッションウィークを開催予定との情報もある。リュウが立ち上げたプラットフォームの影響力は計り知れない。中国国内の強力なプラットフォームと、海外からも注目を集める中国のデザイナーの存在だけを見ても、今後も中国のファッションシーンからは目が離せない。

Column

「アートブックフェア」が人気の理由

2019年春、上海市内のギャラリーが集まる地域で大勢の若者が行列をなしていた。数日間にわたって開催された「上海アートブックフェア（UNFOLD Shanghai Art Book Fair）」の入場待ちだ。会場内には、国内外のギャラリーの写真集やZINE（自費出版の雑誌や本）を売るブースが並び、10代〜30代のミレニアルズやZ世代の若者でごった返していた。会場の外には、手作りアクセサリーや小物を売る人たちもいて、さながらフリーマーケットのようだ。

photo by Hitomi Oyama

photo by Hitomi Oyama

アートブックフェアはニューヨークが発祥で、2009年から東京でも「Tokyo Art Book Fair」が開催されている。中国でも上海をはじめとして各地でアートブックフェアが開かれている。扱われている本は、一般の書店では流通していないものが多い。発行部数は限られるが、その分作り手の想いがストレートかつ自由に表現されている。また、発行部数が少ないということは「他の人が持っていないモノが欲しい」という所有欲がくすぐられるということでもある（私も、気に入ったZINEは買って大切に保管してある）。

「デジタルネイティブであるミレニアルズやZ世代が、紙の本なんて買うの？」と意外に思うかもしれないが、中国ミレニアルズは、ビジネス書でもカルチャー誌でも、紙の本を買って読んでいる人が多い。大都市ではカフェが併設された書店が次々にオープンしていく、週末ともなると、店内のあちこちで立ち読み（&座り読み！）している若者たちがいっぱいだ。

会場はアットホームな雰囲気で、「また会ったね！」「前回はニューヨークにいたよね？」という具合に、出店者も参加者も知り合いになり、コミュニティが生まれやすい。ZINEやアートブックにはそんな「手に入れたときの楽しい思い出」も詰まっているのだ。アートブックフェアというプラットフォームがここまで人気になっているのは、リアルなコミュニティを求めるミレニアルズの多さを物語っている。日本をはじめ海外からの出店者も多く、コスモポリタン的な雰囲気もおしゃれな若者たちを惹きつける要素のようだ（LABELHOODを手伝っていたミレニアルズと会場でばったり会ったこともあった）。

なぜミレニアルズはこれほどZINEや写真集を求めるのかについて、自費出版の編集者兼出版者であるイエン・ヨウ（言由）が興味深いことを言っていた。イエンは、2009年に出版社「Jiazazhi」を設立。自ら出版した写真集を通して国内外に中国の写真家を紹介している。2017年には寧波（ニンボー）に非営利のフォトライブラリーを開館した。彼によると、ミレニアルズの写真家たちが中国で初めて「私小説」のような「私写真」を始めた。上の世代の写真家たちのように、社会のリアルにフォーカスを当てるのではなく、自分や身の回りの友人たちのライフスタイル、身体にフォーカスを当てたのだ。そんな彼・彼女たちの表現方法が、多くのミレニアルズの共感を得た。例えば、2017年に自ら命を絶った写真家レン・ハン（任航）もその一人で、自分や同性愛者のパートナー、仲間たちを撮影し、自分で写真集を出版していた。

Jiazazhiも、もちろん出店している
photo by Hitomi Oyama

アートブックフェアは、ミレニアルズにとって「自分だけのものが欲しい」「リアルな繫がりが欲しい」「形あるものが欲しい」という気持ちを一度に満たしてくれる場なのだろう。

第3章
多様化する映画とドラマ

「中国映画」の変化と「時代を映す鏡」としてのドラマ

若者で賑わうシネコン

2019年4月6日、北京の繁華街、王府井(ワンフーチン)のショッピングモール内にあるシネコン(シネマコンプレックス)は若者で賑わっていた。週末ということもあり、カップルの姿も目立つ。仕事で北京に来ていた私は、中国の映画監督、ロウ・イエ(娄烨)の作品『The Shadow Play(风中有朵雨做的云)』(2017年製作/日本では2020年に公開)を観るためにシネコンにいた。

ロウ・イエは人間の内面をこれでもかと痛々しく、重々しく描く監督だ。彼は以前、中国でタブーとなっている「天安門事件」を扱った映画を撮影したため、その後、5年にわたり映画製作・上映禁止の処分を受けたことでも知られている。『The Shadow Play』も、2017年の完成から2年の時を経てやっと国内でお披露目となった。検閲が通らなかったからだ。

上映時間が近づき、客席は満員状態になった。ロウ・イエのようないわゆる「ミニシアター系」の作品を、オンラインではなく映画館で観ようと思う若者がこんなにもいるのかと驚いた（一緒に観たミレニアルズの友人は、映画が終わった後で「普段はあまりこういう系の作品を観ない」と言っていたし、ロウ・イエのことも知らなかったのだけれど）。

巨大な映画市場としての中国

近年は「**中国はアメリカに次ぐ世界で2番目の映画市場**」と言われており、日本でもこの話題が頻繁にニュースになる。ミレニアルズは、どのように国内外の映画に触れているのだろうか。中国の映画業界関係者たちに話を聞いた。

Maoyan Entertainment（猫眼娯楽、オンラインチケット販売サービスなどを提供する会社）で映画コンテンツ開発を担当しているレイ・ハオ（雷昊）は1992年生まれのミレニアルズだ。フリーランスの映画脚本家として活動を経て、去年Maoyan Entertainmentに入社した。大学でも映画を専攻していたという専門家だ。

――北京のシネコンで『The Shadow Play』を観たんですが、大勢の若者が観に来ていて、満席だったことに驚きました。中国ではロウ・イエのようなミニシアター系の監督の作品はどのように受け取られているのでしょうか？

レイ：今回のロウの作品は、検閲によって2年間上映されなかったという経緯があるので、みんな、このような芸術性の高いリアリズムの作品を応援したいという気持ちが強かったのだと思います。そういう作品がきちんと集客できれば、いわゆる一般受けするメインストリームの映画ではない作品も「あり」と映画会社が判断し、製作していく流れにも繋がりますので、若者の支持はとても重要ですよね。『The Shadow Play』は、4月4日から29日までの興行収入が6,478万元（約10億3648万円）。ミニシアター系としては悪くない数字でした。

ロウ・イエ作品をはじめ、中国でも低予算のミニシアター系映画は作られている。例えば2015年製作、2016年に上映された映画『Kaili Blues（路辺野餐／凱里ブルース）』は公開当時、ミレニアルズの間でも話題になり、高評価を得ていた作品だ。1989年生まれの監督ビー・ガン（毕赣）の長編デビュー作で、製作費は50万元（約800万円）

という低予算。最終的な興行収入が646・4万元（約1億342万円）とロウ・イエの作品にはとうてい及ばないものの、この作品のヒットは映画を作りたい若者に勇気を与え、ビー・ガンは中国ミレニアルズを代表する映画監督の一人となった。

――2019年、中国を含め世界中で最も話題になった映画といえば、アメリカ映画『Avengers：Endgame（复仇者联盟4、アベンジャーズ／エンドゲーム）』だと思うのですが、中国ではやはりこのようなアメリカ映画が依然として人気なのでしょうか？

レイ：そうですね。やはり中国でも、ヒーローもののアメリカ映画は人気があります。『Avengers：Endgame』は中国国内の興行収入が42・40億元（約678億4000万円）でした。**『Avengers』シリーズのようなヒーローものの作品は、北京、上海といった「一線都市（一线城市）」ではなく、「三、四線都市（三、四线城市）」で暮らす人たちからの支持が高いんです。**この「一線都市」に比べると「三、四線都市」はライフスタイルの移り変わりにタイムラグがあって、今は3～5年前の一線都市のようなイメージです。だから恋人や友人、家族と一緒に楽しむ王道の娯楽といえば「映画」なんですね。しかも、あまり難しいことを考えずリラックスして観られる作品、みんなで楽しめるものとなると、ヒーローもののアメリカ映画が選ばれやすい傾向にあるんだと思います。

レイの言う「一線都市」「三、四線都市」という用語は耳慣れないかもしれない。中国では「第一財経（CBN）」という雑誌により、毎年、「中国都市の商業的魅力ランキング（中国城市商业魅力排行榜）」が発表され、各都市が五段階にランク付けされる。「一線都市は市場としての魅力がもっとも大きい大都市」「二線都市は一線都市ほどの規模はないが発展の余地が大いにある魅力のある都市」などと区分されている。「一線都市」は「北京、上海、深圳、広州」の四都市だったが、2018年に入り、新たに「杭州、成都」をはじめ、15の都市が加わった。「三、四線都市」はと言うと、例えば観光地で有名な「桂林」や中国の東北部に位置する「吉林」が入っている。ただ、「三、四線都市」のほとんどが外国人にはあまりなじみのない中小都市だし、「五線都市」までいくと、ほぼ少数民族が生活をしている小都市となる。以前話を聞いた、中国の著名な映画評論家のウェイシーディー（卫西谛）も「一線都市の若者は、海外旅行やショッピングなど、映画以外の娯楽の選択肢が多いんです」と言っていた。

——それでは、中国映画はいかがですか？

レイ：2019年上半期の興行収入のランキングを見てみると、トップ1が中国アニメ『Ne Zha（哪吒之魔童降世）』、トップ2が中国初のSF大作映画『The Wandering Earth（流浪地球）』、そして、トップ3が『Avengers : Endgame』です。『Ne Zha』の興行収入は49・72億元（約795億5200万円）でした。『Ne Zha』がこれほどまで人気が出た理由としては、中国の神話を題材にしているので、誰が観てもわかりやすい内容だったというのがあると思います。また、アニメですので、子どもから大人まで幅広い年齢層に受け入れられたというのも大ヒットの大きな要因ですね。日頃、映画館に行かない大人も、子どもや孫を連れて家族みんなで観に行くことが多かったようです。**以前はアメリカをはじめ、海外の映画が興行収入のトップだったのですが、2017年頃から、中国映画の興行収入が伸び始めています。**その要因としては、**中国の観客も映画製作者も、映画の技術に対する知識が増え、美意識が高くなった**ということがあるんだと思います。視覚効果などの技術面やハードの面でもアメリカに匹敵するレベルになった。それにプラスして、ストーリーが中国を舞台にしていたり、中国の文化と関係していたりすると観客は受け入れやすいですしね。

『Ne Zha』は、1979年に中国の上海美術映画製作所が製作したアニメ映画と同じ主人公を描いているというから、当時の中国アニメの傑作再びといった感じだろう。製作には1600人以上のスタッフが関わり、3年の歳月をかけて完成させたという大作だ。

『The Wandering Earth』は、日本でも翻訳版が話題になった中国のSF作家、リュー・ズーシン（刘慈欣）の短編小説を実写化したSF映画だ。興行収入は46・54億元（約744億6400万円）。『The Wandering Earth』の公開日が、ちょうど2019年の春節（旧正月）に合ったというから、家族で観に行った人が多く、売り上げに影響したようだ。

中国人が自分たちの国の映画を認め、受け入れるようになってきた。それにより、映画製作者側も自信を持ってきたということだろう。

先述の映画評論家、ウェイシーディーによると、2002年に公開されたチャン・イーモウ（张艺谋）監督の中国映画『HERO（英雄、ヒーロー）』は、中国映画が世界に初めて認められた作品とのこと。中国国内の興行収入は2・5億元（約32億円／2002年当時のレート：1元＝12・8円で計算）ではあったが、全世界の興行収入はトータルで1・77億ドル（約212億4000万円／2002年当時のレート：1ドル＝120円で計算）。

2002年の中華圏の映画興行収入トップだった。当時、『HERO』がいかに中国映画界に自信をもたらしたかがわかるだろう。日本では、日本人デザイナー、ワダ・エミさんが衣装を担当したことも話題になっていた。映像や衣装の美しさ、中国や香港の実力派俳優のしなやかなアクションと演技が魅力の作品だ。公開当時、私もすぐに映画館に駆けつけたことを覚えている。『HERO』がそれまでの中国映画の概念を崩した作品だったのは間違いない。
それから10数年の時を経て、中国映画はどんどん伸びているのだ。

——レイさんご自身は、中国映画はいつ頃から変わってきたと感じていますか？

レイ：はっきりと「いつ」とは答えにくいのですが、私個人の体験からお話をすると、2013年頃だったと思うのですが、大学の授業の中で先生が、Netflixが配給したドラマ『House of Cards（紙牌屋、ハウス・オブ・カード　野望の階段）』の話をしてくれたんです。「データを元に制作されたドラマという意味で新しい」って。その頃から、中国の映画業界でも、「私たちもデータを元にした作品が作れないか」と研究されていったようなんです。それ以降、自分が表現したいことを映画で見せる監督とは違う、新しいタイプの監督や作品が登場したように思います。2014年に開催された上海国際映画祭では、**初めてオフィ**

シャルな場で「ビッグデータ〜中国映画の新たな動き〜」と題したシンポジウムが開催され、映画関係者が公の場でビッグデータについて話をしました。あのときのことは今でもはっきり覚えていますね。

中国では、映画のチケットはアプリを使って購入するのが当たり前になっている。WeChatからは、Maoyan Entertainmentが提供する、映画や演劇、コンサート、スポーツ観戦などのチケットが購入できるアプリにアクセスできる。まさに「スマホとWeChatさえあれば事足りる」という世界だ。アプリでチケットを購入すると、60元（約960円）のものが45元（約720円）になるなど、正規料金よりも割安で購入できるのも魅力だ。アプリ上で座席も指定できるので、上映時間ギリギリに映画館に行っても焦らずにすむ。ユーザーは登録する際、生活している都市、年齢、性別などを入力する。このアプリを通して「ビッグデータ」が取得できるというわけだ（だから『Avengers:Endgame』が三、四線都市の若者に人気ということもわかるのだ）。なお、一線都市と三線都市、四線都市など、都市ごとに映画のチケットの料金も違い、その都市の物価に合わせた価格設定になっている。

――その他に何か、ここ数年で中国映画の変化を感じますか？

レイ：色んなテーマの作品が増えてきたということでしょうか。これまでは、特殊効果をフルに使った迫力のある映画が優に10億元（約160億円）の興行収入を得ていたのですが、2019年に上映された『Better Days（少年的你）』のような、**これまで中国映画で語られてこなかった、いじめ問題、大学受験、家庭内暴力などが描かれた映画も登場しました。**「ビジュアルがかっこいい」というだけの作品ではなく、ストーリーも重視され、自分たちの社会のリアルが描かれた作品も登場していることは大きな変化かもしれないです。また、この映画が上映されたことで、これまでは表沙汰になっていなかったいじめ問題を重く捉え、語られる場が増えるのではないかと思います。

『Better Days』は2019年10月25日から上映され、11月9日の時点ですでに13億元（約208億円）の興行収入とのこと。本来は2019年の春に公開予定だったそうだが、検閲に時間がかかり、公開日が延びたという噂だ。また、この映画がここまでヒットしている大きな要因の一つに、第1章でも紹介した中国で大人気のアイドルグループTFBOYSのメンバーの一人、イー・ヤンチエンシー（易烊千璽）が主演していることが挙げられる。

イー・ヤンチエンシーは、中国のエンタメ界を引っ張るZ世代の一人だ。彼が主演した映画ならば話題にならないわけがない。しかも、彼の演技は評価が高く、「彼はすでにアイドルではなく立派な俳優」というコメントを寄せた関係者もいた。

——日本では映画にレイティングシステムが導入されていますが、私の知る限りでは、中国ではは特にそのレイティングシステムはなかったかと思うのですが？

レイ：はい。**特に年齢制限を設けている作品はないですね。ただ、その代わりとなるのが「検閲制度」です。**全ての年齢の人に観てもらえるように、検閲しているわけです。

『Better Days』も検閲の関係で上映日が延びたものの、完全に上映禁止ではなかった。全ての年齢の人が観られるように準備されていたと考えると、これまで公に語られてこなかったいじめをテーマにした映画が上映されたことは、中国映画の新たな側面なのかもしれない。

——近年、中国で上映される海外の映画に何か新たな動きはありますか？

レイ：ここ数年、インド映画は人気が出てきていますね。インドは中国同様に人口の多い国ですから、人口の多い国が抱える問題点など、共感できる部分が多いんだと思います。2017年に中国で上映されたインド映画『Dangal（摔跤吧！ 爸爸、ダンガル きっと、強くなる）』は12・95億元（約207億2000万円）の興行収入がありました。また、韓国の場合は、中韓合作という製作スタイルが増えてきています。これまでは、韓国の映画をそのまま上映することが多かったのですが、最近では脚本を韓国から購入して、中国版を製作することもありますね。日本映画でいえば、2016年に公開された『君の名は。（你的名字。）』は5・75億元（約92億円）の興行収入があり、大ヒットしました。日本のアニメでいえば、2019年の『名探偵コナン 紺青の拳（フィスト）（名侦探柯南：绀青之拳）』も大人気で、興行収入は2・31億元（約39・96億円）でしたね。

アニメ以外の日本映画でいえば、2018年に中国でも上映された『万引き家族（小偷家族）』は、私の周りの友人たちにも映画館で観た人が多かった。WeChat上でも「良かった」「さすが是枝監督」などとコメントを書いている人がいたのを覚えている。また、日本では中国でデザインされたポスターが「かっこいい！」と話題になった。ちなみに、中国での興行収入は9674・9万元（約15億4798万円）だった。

——国内映画、外国映画の年間上映数はどれくらいですか？

レイ：2018年でいうと、中国国内の映画は395本上映され、海外の作品（合作映画も含む）は145本でした。2015年、2016年の外国映画上映数（合作映画も含む）は100本ほどでしたので、増加傾向にあります。中国では、改革開放後に上映された1本目の外国映画は、1993年に上映されたアメリカ映画『The Fugitive（亡命天涯、逃亡者）』でした。その頃は外国映画の上映本数は10本ほどでしたので、**外国映画の公開数は20数年で10倍以上に増えていますね**。

『万引き家族』の中国版ポスター

中国映画の新しい作り手たち

レイが語ってくれた「中国映画の多様化」は、一つには作り手の世代交代も関係している。先述のチャン・イーモウやチェン・カイコー（陈凯歌）は「第五世代」の映画監督と言われており、中国の名門映画大学「北京電影学院」の出身だ。これまでに中国をテーマにした大作を多く発表している（私も大学時代、この「第五世代」の映画を観て中国映画や中国に興味を持ち、この大学で中国語を学んだ）。続く「第六世代」のロウ・イエやジャー・ジャンクー（贾樟柯）も共に北京電影学院を卒業し、国際的にも注目を集める映画監督だが、より中国人の内面やリアルな生活にフォーカスした作品が多い。

そしてここ数年、ミレニアルズの映画監督が注目を集めるようになっている。先述のビー・ガンは1989年生まれだし、2019年11月に日本で上映された中国映画『象は静かに座っている（大象席地而坐）』の監督フー・ボー（胡波）は1988年生まれの北京電影学院出身だ。ビー・ガンは、北京電影学院出身ではなく、Communication University of Shanxi（山西传媒学院、山西コミュニケーション学院）出身。このように、北京電影学院以外の大学を卒業した若者が映画監督として活躍するケースも増えてきた。

ウェイシーディーによると、中国では2000年に入り大学改革によって、映画製作などが学べる学部が中国各地の大学に新設されたとのこと。よって、北京電影学院以外の大学を卒業した監督も目立つようだ。また、性能の良いカメラが安く手に入るようになったことも後押しして、低予算で質の良い作品が製作されるようになったことも上の世代と大きな違いと言えるだろう。

都会で暮らす若者のリアルを反映したドラマ

近年では映画と同様、ドラマも多様化している。例えば2016年に放送された『To Be A Better Man（好先生）』は、アメリカにあるミシュラン三ツ星レストランでシェフをしていた中国人が主人公という、グローバルな設定だ。アメリカロケも敢行していたし、俳優たちの服装やメイクも以前とは違う今の流行に合わせたものになっていた。中国のドラマを久しぶりに見た私は「中国ドラマは、こんなにかっこよくなったんだ」と感心してしまった。

同じく2016年に放送された『Ode To Joy（欢乐颂）』は、シーズン2まで放送され、現在シーズン3も準備中の人気作だ。上海にある立地の良いマンションの同じ階の隣人になった5人の女性が主人公。地方出身の20代の女性二人と、30代になっても結婚相手が見つからないやはり地方出身の会社員の女性が共同生活を送っている。その両隣の部屋では、海外留学を経て起業した女性、金持ちの家庭に生まれた帰国子女がそれぞれ生活しているという設定で、バックグラウンドが異なる5人が恋愛、仕事、家族などの問題で悩む姿を描く。

裕福な家庭に生まれた人も彼女たちなりに悩みを持っているとか、春節（旧正月）に実家に戻ると、彼氏のいない20代の女性は親、親戚一同から見合い話を持ちかけられるとか、5人それぞれの生活レベルに合わせた服装やメイク、食事シーンなど、どれも「あるある！　いるいる！」という感じだ（彼女たちもやはり現実の若者と同様にWeChat

『Ode To Joy』(左)と『To Be A Better Man』(右)のポスター

でメッセージや写真を送り合っている)。

このドラマを見て改めて「**ドラマは時代を映す鏡だ**」と思った。私の周りにも、北京や上海で共同生活を送っている地方出身のミレニアルズは多い。年々家賃が高騰する上海のマンションで一人暮らしをできるのは、よほど生活に余裕がある人だけだ。『Ode To Joy』はそんな風に都会で共同生活する女性たちの共感を得たようだ。

ひと昔前の中国ドラマといえば、「田舎と都会」というテーマは本当に王道で、都会に一緒に出てきた男女のうち、彼女は都会でのキャリアを望み、彼氏は田舎で家業を継ごうとする。または、都会で出世してシティライフを楽しむ夫婦の元に、夫の家族が事業で失敗して借金を抱えて、田舎から大挙してやってくる。食事や喧嘩のシーンが多かったり、お金のトラブルが赤裸々に描かれたり、というのが中国ドラマの「あるある」だった。**中国では1話45分のドラマが50話も続くことがザラ**なので、安心して見られる王道のストーリーが好まれるのだろう。

中国テレビドラマの基礎知識

ここで中国テレビドラマの基礎知識を紹介しておこう。先ほども書いたが、中国のテレビドラマは、ほとんどが50話ほどにわたる長編だ。1話45分ほどで、1日通しで2話放送される。それが月曜日から日曜日までの毎日続くケースがほとんどなので、**50話のドラマが一カ月で放送終了する**ことになる。放送時間は夕食どきに合わせて、夜8時から10時くらいが一般的となっている。家族揃ってドラマを見ながら夕飯、というのが一般的な視聴スタイルなのだ。ドラマは、特に三、四、五線都市の人たちにとって映画同様に大切な娯楽だ。

先述したMaoyan Entertainment勤務のレイによると、湖南テレビ局が2018年の1年間で放送したドラマは14本。いずれも新作というから驚きだ！　中国で大人気の女優、ヤン・ミー（杨幂）が2010年から2011年の1年間で出演したドラマは、脇役も含めると9本。映画も含めると11本の作品に出演したというから、中国の女優、俳優は働き者……いや、働きすぎだ。そして驚いたことに、中国のテレビ局は2017年の時点で、約360局！　全ての局でドラマが制作されているわけではないだろうが、この数字を見ただけでも、中国での年間のテレビドラマ放送数がとんでもないことがわかる。制作する側も、視聴者獲得のために必死だろう。

またここ数年、iQIYIやTencent Videoなど、オンライン・プラットフォームがドラマを制作、放送するケースも増えている。「旬のアイドルが出演している」「若者向けのテーマが多い」という理由からミレニアルズやZ世代にも人気だ。レイは、テレビドラマとネット配信ドラマの違いをこう説明してくれた。「テレビドラマは家族で一緒に見るケースが多いので、家族をテーマにしたものや歴史もの、またシリアスで考えさせられるストーリーが多いように思います。一方のネット配信ドラマは、ラブストーリーや、そこまでシリアスでない軽いストーリーのものが好まれるという傾向がありますね」

時代劇にハマるミレニアルズ

2019年、Tencent Videoが放送した時代劇『The Untamed（陈情令）』にハマったミレニアルズ、Z世代は多かった。主演は人気アイドル、ワン・イーボー（王一博）。『The

Untamed』はタイでも放送され、タイの女性たちにもヒットした（ワン・イーボーをはじめ、出演者のアイドル、俳優たちがタイでファンミーティングを開催したほどだ）。第1章でも少し触れたが、タイのアイドルが中国で人気なだけでなく、タイのミレニアルズ、Z世代には中国アイドルが大人気のようだ。『The Untamed』はセリフが昔の言葉なので、中国語の字幕がついているとはいえ、私でも意味がよく読み取れなかった。時代劇を楽しむには、まだまだ勉強が必要なようだ。

1990年生まれ、雲南（うんなん）省大理（だいり）出身のHaipuも、『The Untamed』にハマった一人だ。「ストーリーも良かったし、映像も美しかった。そして、何よりワン・イーボーがかっこよかった」と語る。現在、上海でスタイリストとして働いている彼女はロンドンへの留学経験があり、ロンドンで

『The Untamed』のポスター

もオンラインで中国ドラマを見ていた。「海外のドラマと違って字幕を読まないでいいから楽なんですよね。それに、異国の地にいて自分の国のドラマを見るとホッとしますしね」

『The Untamed』よりも前に大ヒットした時代劇がある。2015年にテレビで放送された『Nirvana in Fire（琅琊榜）』だ。こちらは、日本のケーブルテレビやBSでも『琅琊榜～麒麟の才子、風雲起こす～』というタイトルで放送されたので、ご覧になった人もいるだろう。Haipuもイギリス留学中、連日のようにオンラインで観ていた。「中国ドラマだと、時代劇の方が好きですね。現代物だと、どれも同じテーマ、同じストーリーだったりするので、あまり見ませんね」。中国のものより日本のドラマの方がよりリアルに感じるとも語るHaipuは「中国ドラマはどこか美化されすぎているのかも」とも続ける。

1998年生まれ、浙江省平湖（へいこ）出身のシュー・ペンフェイ（徐彭斐）も、中国や日本のドラマが大好きなミレニアルズだ。彼女はイタリアでファッションデザインの勉強をしていたのだが、一時休学し、現在は上海の友人が経営するファッションブランドで働いている。

シューの場合は、好きなドラマが他のミレニアルズとはちょっと違う。「ネット配信ドラマはあまり見ません。出演している今人気の俳優、女優は〝ザ・整形〟な顔ばかりで好きじゃないんです。演技もうまいわけでもないですし」。一方で、「2000年前後に放送されたドラマに出演していた俳優、女優は演技派ばかりで見ていて安心する」のだそう。

「『Ode To Joy』はちょうど同世代のストーリーだったので、好きで見ていましたよ」。シューは「自分と体験が似ている」または、「自分が関心のある事柄」のドラマが好きなようだ。最近ハマったのは、今年放送されたテレビドラマ『小欢喜（日本語で「ささやかな喜び」という意味）』。大学受験を控えた子どもと、その家族の物語を描いている。「ドラマで描かれる受験生のために奮闘する家族を見て、かつての自分や家族と重ねました。あと、起業に関係するドラマも好きですね。私も今後は自分のブランドを持ちたいと思っているので、そういうドラマを見ると、勇気が湧きます」

ネット配信ドラマはミレニアルズやZ世代向けのものが多く、忙しい彼・彼女たちのライフスタイルに合わせて、テレビドラマに比べるとエピソードの数も12話や24話と少なく

なっている。しかも、プラットフォームの会員になると「先取り」として、一気に数話見られる特典があるというから、テレビドラマのように「次回、どうなるの？」とドキドキしたまま待たされることもない。

BLドラマのブーム

ここ数年、ネット配信ドラマで話題なのが、BL（ボーイズラブ）だ。2016年に放送された『Addicted（上癮）』は、『ハイロイン』というタイトルで日本でも放送された。レイいわく「『ハイロイン』でBLドラマがブームになったと思います。出演していたのは無名な俳優でしたが、この作品で彼らは一気に有名になりました」。BLということで気になるのが、やはり検閲の問題だ。BLドラマが登場した頃は、オンラインということもあり検

『Addicted』のポスター

閲はゆるかったようだが、人気が爆発した途端、規制が厳しくなった。ただ、レイによると「あからさまな表現がなければいいみたいですね」と寛容な部分もある。先述の『The Untamed』もストーリーとしてはＢＬだったようだし、中国のドラマも本当に多様化し、変わったと言える。

日本のドラマも根強い人気のようで、特に、数年前に放送された『昼顔』は、私のミレニアルズの友人が「キャーキャー」言いながらWeChatでシェアしていたのを覚えている。「確かに、あの濡れ場は中国では見られないよなぁ」と思ったりした。１シーズンのエピソード数が少なく、しかも、色んなストーリーが見られるのも、日本のドラマの魅力のようだ。

次はどんな作品が話題になるのだろうか。50話の作品を追うのはなかなか大変だが、中国ドラマが盛り上がるにつれ、ミレニアルズも私も、一段と忙しくなりそうだ。

Column パフォーミングアーツ（舞台芸術）と検閲

中国カルチャーのリアルを知るには、パフォーミングアーツ（舞台芸術）も必見だ。実は映画やドラマ同様、中国でパフォーミングアーツを上演する場合は、検閲が入る。例えば演劇を公演する場合、脚本と作品の通し稽古の映像（メイクも衣装も本番仕様にして）を全て関係機関に提出しなければならない。そして当局に「問題なし」とみなされて初めて公演許可が下りる（許可が下りなければ、当然ながら公演はできない）。

私は2010年から東京の国際舞台芸術祭「フェスティバル／トーキョー（Festival/Tokyo）」で中国プログラムキュレーターとして、中国のパフォーミングアーツを招聘し、公演を行ってきた。2017年には中国特集「チャイナ・ニューパワー　中国ミレニアル世代」を開催し、ミレニアルズのアーティストやミュージシャンの公演を行っただけでなく、中国ミレニアル世代を理解するためのトークも開催し、今の中国を知ってもらう場を提供した。会場には、同じミレニアルズである日本の若者が集まり、当日券を購入する長蛇の列ができた作品もあった。

これまで招聘した作品のほとんどが、ミレニアルズのアーティストや出演者による作品だ。例えば、1986年生まれの演出家スン・シャオシン（孫暁星）の作品は、ぬいぐるみやキラキラした小物で溢れる空間で、二人の可愛い格好をした女性が携帯を片手に生配信を行っているという「中国ミレニアルズのリアル」が表現され

女性二人が生配信を行う作品　photo by KillaiB

た作品だった。彼女たちの携帯の画面が後方のスクリーンに投影されることで、観客は舞台上のリアルとネット上のリアルに翻弄(ほんろう)される。中国ミレニアルズが愛用するSNSをうまく作品に取り込んだスンの作品は、従来のパフォーミングアーツを覆す見せ方で、若者のリアルを反映していると話題を呼び、中国各地でも公演された。

そんなスンも検閲の圧力を受けた経験の持ち主だ。ある作品のなかで、ニュースで話題になっていた政治的な内容の文面をそのまま音声で使用したかったのだが、当局から「待った」がかかった。「公演したいのであれば、その文面を削除するように」と求められて、仕方なく該当部分に雑音を入れることで対処した。

検閲の圧力で何が困るかといっと、公演許可の下りるタイミングが読めない、ということ。最悪の場合は公演前日になっても許可が下りず、公演できるのかやきもさしたあげく、大々的に宣伝できないことから、公演できたとしても集客に影響が出てしまう。また、同じ作品なのに「北京では公演可、上海では公演不可」という判断が下されることもある。担当者によって結果が変わることもあるというから、作り手は関係機関の都合に振りまわされることになる。

スンは近年、入場料を設けずに

劇場ではない空間（ライブハウスなど）で公演をする方法も取っている。「入場料を取らなければ正式な公演とみなされない」ため、事前に脚本や映像を提出する必要がないのだ。システムの抜け穴をうまくついた対処に思えるが、入場料が取れないということは、収入がなくなるということ。これでは劇団の運営に影響が出てしまう。

スンは「検閲がなくなることはないだろうけど」と前置きをしてから、「仮に検閲がなくなれば、中国のもっと多様なテーマを作品として見せることができるし、新しいスタイルのアーティストも誕生するはず」と話してくれた。

中国語が理解できないと100％は楽しめないというハードルはあるが、興味のある人はぜひ一度、中国の劇場に足を運んで実際に作品に触れてみて欲しい。

なお、私は中国の作品を日本に紹介するだけでなく、日本の演劇人を中国にお連れしてイベントを開催したり、現地の関係者に紹介するという仕事もしている。劇団「チェルフィッチュ」の作品の中国語字幕翻訳を担当した際には、演出家の岡田利規さんとご縁ができた。2015年に岡田さんが文化庁文化交流使に指名されたときは、上海・北京滞在時のコーディネーター・通訳・イベントプランナーとして中国に同行した。このときの詳細は、岡田さんが『三田文学』No.121（2015年春季号）に執筆した紀行文があるので、ぜひご一読いただきたい。

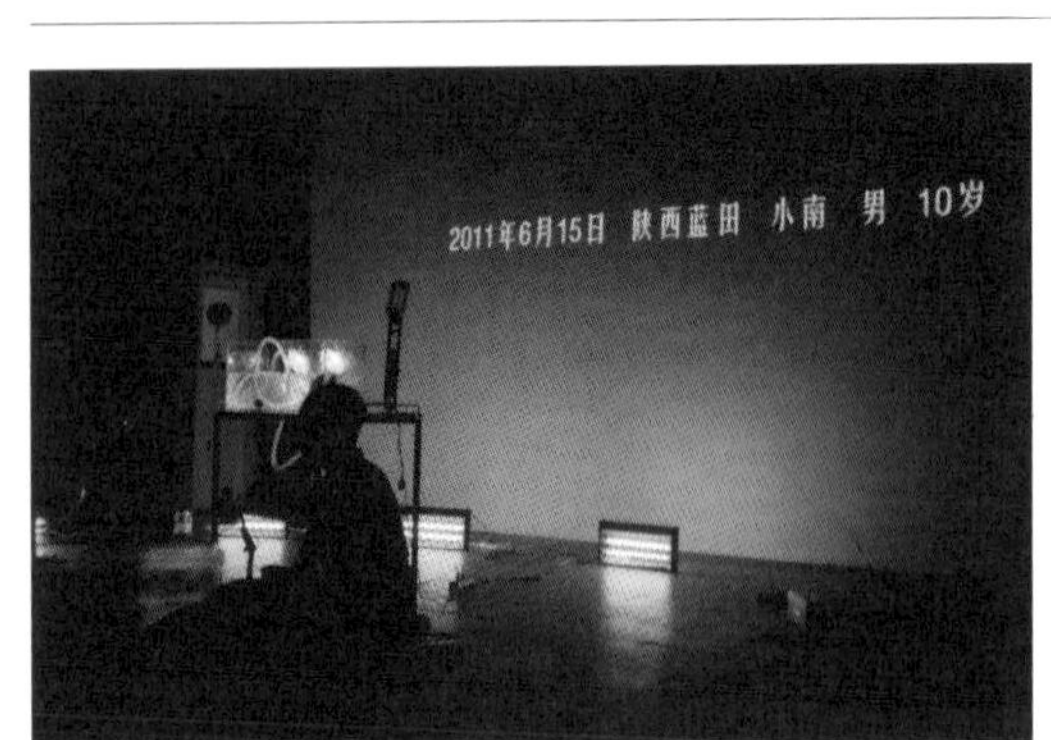

公演に「待った」がかかった作品 photo by Liu Yixuan

第4章

ミレニアルズのライフスタイル、希望と悩み

恋愛、結婚、趣味、仕事

80年代生まれと90年代生まれ

第1~3章で、オンライン・エンターテインメント、ファッション、映画・ドラマを通じて、中国ミレニアルズが生き生きとカルチャーを楽しんでいる様子を感じていただけたと思う。この第4章では、ミレニアルズ一人ひとりのインタビューを通じて、等身大の彼・彼女たちの希望や悩みに迫っていく。

「ミレニアルズ」と総称で語ってはいるけれど、中国の友人たちと話していると、80年代生まれと90年代生まれの間には大きな価値観の違いがあることがわかる。中国では80年代生まれのことを「80后（バーリンホウ）」と言う。80后は、中国で初めて「自分探し」をした世代だ。**80后の多くが大人になり、社会に出て働き始めた2008~2009年は、中国のGDPが初めて下がり、金融危機、大気汚染、就職難といった「リスク」を考えなければいけない時期だった。**希望を持って進んできたけれど、リスクで目の前が真っ暗になった彼・彼女たちは、社会からのプレッシャーが大きいので、仲間を持ち、仲間を大切にしてお互いに助け合う。それが80年代生まれの特徴だ。

そして、「90后（ジョウリンホウ）」と呼ばれる90年代生まれは80年代生まれに比べて、「個人主義」の意識が強い。一人でいる方が気楽、グループでつるむことを好まない、または、同じ趣味、同じ考え方の人とだけつるみたいと考える人が目立つ。また、80年代生まれの友人に聞くと90年代生まれの人のことを「大胆」と形容する人が何人もいた。「**80年代生まれはまだ保守的な部分があるけど、90年代生まれはとにかく何でもやってみたいと考える人が多い**」ようだ。

「自分探し」を経ていない親世代とミレニアルズの間には大きなギャップがある。これはミレニアルズの友人たちと接したり、取材をしたりすることで痛感する場面が多々あった。**とくにギャップを感じさせるのが、日本以上に親子や家族の繋がりを重視する中国だからこそ生まれる「恋愛観」や「結婚観」だ。**例えば、ミレニアルズの結婚観を表す時代のワードといえば「丁克族（ディンコーズー）」。これはこの世代に多く見られる「結婚しても子どもはいなくてもいいと考える人たち」のこと。アメリカのDINKS（Double Income No Kids：夫婦共働きで子ども無し）の中国語読みだ。ミレニアルズには、子どもに余裕のある生活が与えられそうにない、と考えている人が多い。

２０１８年に中国で出版された『游牧　年轻人的消费新逻辑（日本語に訳すと「遊牧若者の新消費ロジック」）』は、中国の若者やユースカルチャーの研究者、チャン・アンディン（张安定）が執筆した書籍だ。この本によると、昔は、恋人との関係は「相手のために自分が犠牲になるのは当たり前」だった。しかし、今のミレニアルズは「わざわざ自分を犠牲にするのはナンセンス。相手を尊重し、お互いが良い結果になるようなアイデアを考える」スタンスのようだ。

ミレニアルズの恋愛観

また、親世代と明らかに変わってきているのは「出会い方」だ。80年代終わりから90年代初め、中国各地に増えてきた「ディスコ」は、親世代にとって身近な出会いの場となっていた。しかも、ディスコといっても、職場の一室がディスコ会場になる（会議室が夜になるとディスコに早変わり）ことも珍しくなかった。〝会社も認める出会いの場〟というわけである。踊るのは社交ダンスで、男性が気になる女性に声をかけ「Shall we dance?」となる。そんなわけで、当時は職場恋愛・職場結婚が多かった。

それでは、ミレニアルズはどういった出会い方をしているのか。そこは日本とあまり変わらず、同級生同士、ナンパ、出会い系サイトやアプリ、友人の紹介など。出会う場が明らかに増えた。しかしそこから結婚まで行き着くかどうかは、親世代以上に選択肢や誘惑が増えた分、簡単ではない。2018年に中国の国家統計局が発表したデータによると、中国の女性の平均初婚年齢は25・7歳だ。70年代の中国の平均初婚年齢が22・8歳だから（ウェブサイト「華律網」調べ）、中国も晩婚になっているのがわかる。

「なんで結婚のこととかあれこれ言われないといけないの？　私の人生なのに！」

1991年、湖北（こほく）省生まれ、北京在住の友人、ワン・モンチェン（王梦辰／仮名）がWeChatでつぶやいていたこの一言が印象に残っている。彼女がその一言をつぶやいていた2017年には、付き合って間も無く3年になる4歳年上の彼氏がいた。その彼との結婚を考えたこともあったけれど、最終的に彼の浮気が数回発覚し、耐えかねたワンは別れることに決めた。

彼と別れたことで吹っ切れたようで、去年、勤めていたウェブ制作会社を辞めて今はフリーランスとして手作りのぬいぐるみを販売する傍ら、ウェブデザインの仕事を受けたりしている。ぬいぐるみは、Weibo経由で注文を受けて制作しており、完全に一人で制作するハンドメイドだ。一つ300元から400元（約4800円から6400円）で販売する。近いうちにブランドを立ち上げて、本格的に運営していくことも検討中だとか。「Z世代の若い子からの注文が多いかな。喜んでくれると本当に嬉しい」と言うワンの現時点でのWeiboのファンは1万人。口コミや可愛いぬいぐるみの写真を見た人からの依頼が殺到しているようだ。

彼女が会社員だった頃、月収は手取りで約1万3000元（約20万8000円）だった。家賃は4300元（約6万8800円）で、3LDKの一部屋を借りている。バス、トイレ、キッチンは他の二人のルームメイトと共用だ。日本でもよく言われている、収入の1／3を家賃に当てていたことになる。「でも、今は収入が不安定だから、もう少し安いところに引っ越す予定」と話していた。「ずっと好きだったことが仕事としてできているのが嬉しい」と語る現在の収入は、平均で毎月1万元（約16万円）。多いときで3万元（約48万円）の場合もあるのだとか。「でも、理想は残業がない会社に勤めて、残りの時間でぬいぐるみを販売すること」。フリーランスになって、会社員だったときの生活面での安定に気づいた。「自分が好きなことをするためにも、生活が安定していないと精神面にも影響が出る」と現実的に考えるようになったのも、彼氏と別れて見えてきたこと。

「私たち90年代生まれって、80年代生まれの人たち以上に大胆で、〝迷わないで、とにかくやってみよう！〟っていう人が多いかな」。先述した80后、90后の違いと同じことを彼女も言っていた。ワンのようにずっと好きだったぬいぐるみ制作を仕事にするといった、「どうなるかはわからないけど、とにかくやってみよう！」という精神は、90年代生まれに多いようだ。「だから、今は彼氏を作る時間もないくらい。結婚は、〝この人だ！〟と思える人だったら考えるかな」。お母さんは、ワンが独身でいることに対してどのように思っているのだろうか？　「別れた彼氏とのあれこれを知っているから、今は、〝自分が好きなようにしたらいい〟って言ってくれているわ」。ワンの両親も長年にわたって離婚を考えながら平行線だったようだが、ワンが母親に言った「私のためじゃなく、自分のために生きて」という一言で離婚を決めた。ワンも彼女の母親も、それぞれの生活を楽しんでいる。

子どもの恋愛・結婚に口を出す親の存在

1989年、山西(さんせい)省生まれのリュウ・ファン(刘帆/仮名)は、高校時代から北京で生活し、大学では日本語を専攻した。卒業後、東京の大学院での留学経験もある。帰国後、日本語を活かせる北京のメディアで半年働いたものの、給料が低いことと仕事の内容に引っかかりを感じて退職。知り合いのつてで国営の建設会社に転職した。せっかく学んだ日本語を使う機会が減ったという不満はあるけれど、ほぼ残業はないし、ストレスもそれほど感じないし、月収は1万3000元(約20万8000円)と高いので満足している。

地域や仕事内容、勤務年数などによって差はあるが、2017年4月のデータによれば中国の都市部の平均月給は手取りで3329元(5万3264円、中国国家統計局調べ)。平均を軽く上まわるリュウの月収はかなり良いことになる。彼女は2018年に結婚し、夫の持ち家で生活をしている。家賃は発生しないので、生活には比較的余裕がある。

順調に見える彼女の人生にも数年前、アメリカ留学の経験がある夫との間で危機があった。結婚前、結婚したい彼女と再びアメリカ留学を希望していた彼との間でズレが生じたのだ。娘の気持ちを知ったリュウの母親は、直接彼に連絡し「結婚できないなら、娘と別れて」と伝えたのだ。それからしばらく会わない期間もあったが、リュウの両親と話し合いの場を作り、うまくおさめた。

リュウの母親のように、子どもの恋愛・結婚に口を出す親の存在は、中国のテレビ番組を見ても顕著だ。『中国式相亲（中国式お見合い）』は、親が自分の子どものために結婚相手を選ぶという番組で、2016年に放送がスタートし、その後、番組タイトルが変わったものの2018年まで続いた。番組での親と子どものやり取りを見ていると、特に娘をもつ親が相手に求める条件は、かなり厳しいことがわかる。例えば、「両親が健在であること」。この条件は、ミレニアルズの親世代に多く見られる結婚観のようだ。

実際に、「両親が健在」という条件がクリアできず、婚約が破棄されたケースがある。1992年、福建省生まれのJの一番上の姉だ。Jの両親は、兄弟姉妹がいた方がいいということで、一人っ子政策に違反して罰金を払い、娘たち4人を育てた。その姉は、20代の頃に結婚を考えていた彼がいた。でも、その彼は幼い頃、事故で両親を亡くしている。Jの両親は彼の両親が不在なのが引っかかり、結婚を認めなかった。姉は、その彼のことが忘れられず、両親からお見合いを勧められ男性と会うものの、なかなか結婚まで至らない。親の主観で子どもの将来が決められてしまいがちな中国の親子関係は、日本以上に複雑だ。

とはいえ、子も子で、実は結婚相手よりも親を優先するケースも多々ある。2010年から続く人気のお見合いテレビ番組『非诚勿扰（誠意ある婚活）』は、24人の女性が一人の男性を巡ってやり取りをする（24人の男性が一人の女性とやり取りをする回もたまにある）。ある回では、22歳の西安（北京から飛行機で2時間の経済発展都市）在住の女性が男性とお互いに気があることがわかり、カップル誕生かと思われた最後の最後に「両親が西安にいるので、そこでの生活しか考えられないの。西安に来られますか？」と問う女性。男性が「仕事の関係で簡単には引っ越せない」と伝えると、女性から「ごめんなさい」と告げられた。

親は子を心配し、子は自分を大切に育ててくれた親のことが気になる。東京で20数年生活している中国人の女性は、日本の親子関係と比較して「**中国の親は、子どもの人生=私の人生、孫の人生=私の人生と思っちゃうのよね**」と言っていた。中国では特に一人っ子世代でもある80年代の子どもに対する希望が強すぎてそのように考える親世代が多いのだろう（祖父母が健在の場合は、子どもへの関心と束縛が二倍になる）。もちろん、精神的に自立している親子関係も存在するけれど、なかなか親離れ・子離れができないケースは少なくない。

1987年、四川省の成都（せいと）生まれの男性、シャー・マオティエン（夏茂恬）は杭州（こうしゅう）から地元の成都に戻り、劇場でディレクターとして働いている。独身で、彼女はいない。両親は「結婚、結婚」と口うるさくないので助かっているし、正直、結婚はしなくてもいいと思っている。とはいえ、本当に合う女性と出会えれば結婚したいという期待はちょっぴりある。

数年前には結婚を考えた女性がいた。当時、生活がまだ安定していなかったので、すぐには結婚できないと伝えると、彼女は離れていった。今の月収は1万6000元（約

25万6000円）で悪くない。杭州の劇場で働いていたときの倍だ。成都に戻ってからは、成都の持ち家で母親と二人暮らし。父親は、最近母と関係が悪くなり外に部屋を借りて別居状態だ。

その彼の両親は、1980年代半ば頃まで続いた国家のイニシアティブによる「统一分配（職業分配）」制度にならい、国から派遣された職場に就職し、そこで出会い、職場結婚した。両親や周りの友人で離婚している人たちを見ていると、彼はますます「結婚ってする意味あるの？」と思ってしまう。ずっと独身でいるかもしれないという覚悟は早々にできているそうだ。

ミレニアルズには選択肢が増え、親世代のような決められた道を歩むのではなく自分らしいライフスタイルを選択

シャー・マオティエン
（前列の一番左）

できるようになった。しかし一方で、愛情がたっぷり注がれる一人っ子は、自由な恋愛を求めつつ、親のことを気にしながらも結婚を夢見るという、なんとも複雑な一面がある。

服で個性を出す　ミレニアルズの消費傾向

空港や街中で、シャネルやエルメス、プラダといったハイブランドの紙袋を手にしている中国からの旅行者を見かけたことがある人は少なくないはず。それも一つだけではなく、二つ三つ手にしているケースも珍しくない。そして、そういう人は若い旅行者の場合が多い。観光庁「訪日外国人消費動向調査」によると、**2018年の訪日中国人の旅行消費額は1兆5370億円。諸外国からの観光客のなかでも34・1%で、トップである。**

20歳代の消費動向を調べたアジア10ヵ国の若者調査で、「価格」を重視して〝いない〟国のトップが中国であるという結果が出ている（2015年、日本経済新聞社調べ）。**日本の若者の約40パーセントが価格を気にしていると回答をしているのに対し、中国で価格を気にしているのは10パーセント弱だ。**

ハイブランドを好むミレニアルズの中には、「好きな芸能人が着ていたから」とか「私はこのブランドを買えるのよ」という見栄を張るために買い求める人もいる。東京で10年生活し、現在は表参道にあるハイブランドのショップで販売員として働いている中国人の友人によると、お金のある中国の若者はブランドのロゴがバーンと入ったTシャツやバッグなど「わかりやすい」服を好んで着ている人が断然多い。ここにもまた「見栄を張りたい」という気持ちが表れているのだろう。

一方の親世代からすると、服やバッグにお金をかけるのはもってのほか。80年代生まれのジン・シャオウェイ（金暁薇）は、自分の両親のことを例にあげて「身体に良い食べ物、寝心地のいい寝具とか生活にお金をかけてるわね」と教えてくれた。

外見にお金をかけるミレニアルズに対し、親世代は「生活」第一で、見た目より中身にお金をかける。親世代の若い頃は「ファッション」という言葉も定着していなかったし、今のような選択肢はなかった。第2章で書いた通り、今の時代、中国のファッションシーンは他の先進国に追いつけ追い越せと、驚異的なスピードで変化を見せている。その背景には「セレクトショップの増加」が要因の一つとしてある。見方を変えれば、中国人の消費傾向が変わったことにより「セレクトショップがビジネスとして成功しやすくなっている」とも言える。

上海在住のインテリアデザイナーであるジンは、子どもが生まれる前は、お気に入りのセレクトショップで多いときで一カ月に4、5枚は服を買っていた。セレクトショップには、ファストファッションや有名ブランドにはない「特別感」がある。「価格もハイブランドほど高くないし、自分のお給料内で買えるからいい。なにより、他の人と違うスタイルが楽しめるしね」。2017年の冬、セレクトショップのセールで買ったコートは、4000元（約6万4000円）に値下がりしていた。好きな中国のブ

ジン・シャオウェイ

ランドだったので、迷わず購入した。

以前は一年に2回は日本に旅行で訪れていて、その度にセレクトショップ巡りを楽しんだ。

「日本の店員はほっといてくれるから楽よね。中国は今では良くなったけど、以前はお客さんにくっついて、あれこれ勧めてきたりね。お店に入る前から、ストレスを感じることもあったな」

増え続けるセレクトショップ

私が北京に留学していた1996年、服を買う場所といえば「北京動物園周辺の問屋街」が定番だった。北京動物園は、北京の西側に位置していて、市内中心部で生活をしていた私にとっては、地下鉄やバスでわざわざ行く場所だった。積み上げられた大量の衣類の山から、一枚一枚引っ張り上げて、自分の気に入ったデザインの服を探し出して買う。時間をかけて探せば、無印良品など知っている海外ブランドの商品も安く購入できた。ただ、移動に時間はかかるし、気に入った服が見つかるかは運次第だった。

その後、私が北京で仕事をしていた2003年頃から、ファッション好きな若者が、その「問屋街」からピックアップしたセンスのいい服を販売している小さなショップが増え始めた。それからは、動物園の問屋よりはちょっと高いけれど、わざわざ行かなくても、可愛くていい感じの服が手軽に買えるようになった。

そんな時代を知っている私がここ数年、中国を訪れて強く感じるのは、「若者（また、その親世代も少しずつ）がおしゃれになった」「セレクトショップが年々増えている」「中国のデザイナーズブランドが増えている」ということ。セレクトショップは、上海や北京などの大都市だけでなく、杭州や成都や南京、武漢などの地方都市にもできている。それだけ各都市に需要があり、消費者がいるのだ。第2章でも触れたが、上海ファッションウィークが盛り上がっているだけでなく、ファッションシーンの盛り上がりと共に、「他人とは違う服」を求めるミレニアルズも増えていのだ。

1989年、湖南(こなん)省生まれのイエン・リン（颜琳）は、現在、成都の教育機関でインテリアデザインを教える仕事をしている。イギリス留学時にセレクトショップというものを知って以来、すっかり虜（とりこ）になった。現在も、成都に好きなセレクトショップがあり定期的に訪れる。5000元（約8万円）の靴を買ったこともある。母親をセレクトショップに連れて行ったことがあるけれど、「デザインが奇抜で高いわね」とあまり興味はなさそうだった。

親世代は、デパートで服を買うことが断然多い。どちらかといえば「目立たない」「人と同じ」服を選んでいる親世代とは違い、**ミレニアルズは子どもの頃からインターネットに親しみ、海外留学、海外旅行を経験し、海外のカルチャーの影響を受けたことで人とは違う自分が好きなファッションを楽しむようになっていった。**そして、インタビューをした日、彼女は服やカバン、靴、トータルで

イエン・リン。
この日の服、靴、バッグ、トータルで34万円

北京にあるセレクトショップ
photo by Hitomi Oyama

34万円の価格のものを身につけていた。いずれもお気に入りのブランドだそうだ。

第2章でも紹介したリュウ・シンシャー（刘馨遐、Tasha Liu）は、2009年にオープンした「中国のデザイナーに特化」した人気のセレクトショップ「LABELHOOD」の共同創業者だ（2018年からショップ名をファッション・イベント「LABELHOOD」と同名にした）。「ここ5年くらいでセレクトショップに対する認知度がぐっと増した気がする。また、ファッション好きのミレニアルズやもうちょっと上の世代で、お金のあるファッション好きが自分の街でセレクトショップをオープンするケースも増えている」と語る。

一方で、デパートの顧客は高齢化している。強力な消費能力を持っているミレニアルズは、大量生産された服が陳列されるデパートには行かなくなり、自分らしさをアピールできるセレクトショップや、安い商品が手軽に手に入るオンラインショップを好むようになった。

1990年、北京生まれのリー・ムーラン（李慕然）は、現在、北京の高級百貨店に入っているセレクトショップでバイヤーをしている。前職は、個人経営のセレクトショップでマーチャンダイジング・マネージャーをしていた。大学卒業後、イギリスでファッション・マーケティングを勉強したので、ファッションビジネスのプロだ。

「セレクトショップはただモノを売るだけでなく、消費者を育てる必要もある」と語るリー。よくお店に来てくれる顧客だけでなく、たまたまお店に入ってきたお客さんにも、お店の魅力を伝え、扱っているブランド、デザイナーのストーリーを伝える必要がある。そのため、ショップのソーシャルメディア運営にも力を入れ、ブランドやデザイナーの情報を頻繁に発信している。扱いのあるデザイナーとは長く付き合い、新しいデザイナーを扱うときは、将来性があるかを見極める。リーは「デザイナー、お客さんと共に歩んでいきたいと願っている」と語る。

LABELHOODは海外のファッション関係者も上海を訪れると必ず立ち寄るほど
photo by Hitomi Oyama

しかし、この流行りともとれるセレクトショップの台頭を慎重に分析しているミレニアルズもいる。1988年、深圳（しんせん）生まれのチェン・シャオタン（陈小堂）は、現在、ブランドコンサルタントとして働いている。「中国の消費者は徐々に〝見る目〟を持つようになってきているので、あと3年から5年は、セレクトショップやデザイナーの動向を見る必要がある。淘汰されて、本当にいいモノだけが残るはず」

ここまで、服にお金をかけ、正規品のブランドものを購入できる比較的裕福なミレニアルズを紹介したが、お金のないミレニアルズの中には、オンラインショップで人気ブランドを真似た「偽物」を安く手に入れている人もいる。彼らもまた「自分はこのブランドを買えるんだ」という体裁を気にしている場合が多い。有名なハイブランドの偽物だけでなく、若手のデザイナーズ・ブランドの偽物も出てきているというから、少人数で少量生産をしている彼らにとって、デザインを盗用されて大量に消費されるとは何とも皮肉な話である（もちろん、偽物だとは知らずに購入している人もいる）。

アイドルにハマる追っかけたちの生活

続いては、第1章で紹介したオンライン番組を見て出演者のアイドルにハマり、追っかけをするようになった中国の若者を紹介しよう。彼・彼女たちはどのように自国のアイドルを見ていて、どんな日々を送っているのだろうか？

まずは『Idol Producer』に出演したチェン・リーノン（陈立农、愛称：ノンノン）ファンの女性だ。私も『Idol Producer』を初めて見たその瞬間から釘づけになってしまったノンノンのことを簡単に紹介したい。出身は台湾で、２０００年10月生まれ。『Idol Producer』初回の放送時、ピンクの服を着て登場した。１８０cm以上ある高身長にピンクというギャップと、何よりも彼の優しい笑顔に、私をはじめ、多くの女性がメロメロになった（はずだ）。彼の人気はぐんぐんと伸びていき、最終回の放送時は人気ナンバー2でデビューした。デビュー後も人気は衰えることなく、２０１９年11月の時点で、彼のWeiboのフォロワー数はなんと１３７０万以上！　この数字だけでも、彼の人気ぶりがわかるだろう。

上海の大学に通う大学3年生のシュー(徐)は、ノンノンを好きになった日をはっきりと覚えており、彼の存在を知った瞬間から追っかけをしているという。「〝Idol Producer〟の放送が始まるのは知ってたんだけど、見るつもりはなかったんです。でも、寮にいて暇だったからサイトを開いて番組を見たんですよね。それが2018年1月23日でした」

シューはこう続ける。「中学の頃から韓国のBIGBANG、特にG-DRAGONのファンです。もちろん、今でも好きだけど、メンバーが兵役についていることもあって活動休止しちゃっているし(2018年10月のインタビュー時点)。これまで中国のアイドルに惹かれることはなかったんだけど、ノンノンは別格ですね。初めて見たとき、ピンクの服を着ていて〝こんなに可愛くて、かっこいいアイドルがいるんだ!〟って思いました」

シューの寮の部屋に入ると、真っ先にノンノンの笑顔が目に飛び込んでくる。彼のイメージカラーであるピンクが背景色になったポスターだ。シューの生活する寮は4人一部屋で、ロフトベッドと、その下にある机だけが彼女のプライベートな空間だ。机には、これまたひときわ目を引くメモが貼られていた。「シュー、早く勉強しなさい。土曜日にノンノンに会いに行くんでしょ！」と書かれている。自分で書いたそのメモは、勉強したくないけれど、週末にノンノンに会えるというご褒美で自分を鼓舞するために書いたもの。彼女にとってノンノンの存在は、毎日の元気の源なのだ。そして、メモの横にはノンノンとG-DRAGONの写真が仲良く並んでいた。

ノンノンを知ったその日からシューは毎日、『Idol Producer』の投票サイトから彼に票を入れた。「最終回の生配信でノンノンの名前が呼ばれるまでは、本当にドキドキしていました。ずっと上位で進んできたけど、意外な展開っていうのもあり得るでしょ。2位でノンノンの名前が呼ばれたときは、本当にホッとしました」。わかる、とってもよくわかるのだ。私も最終回の生配信を見ていたので、出演者が緊張して表情が固まっている様子を見ては、「加油！（中国語で〝頑張って〟の意味）」「大丈夫！」と画面に向かって叫んでいたから、とてもよくわかる。

無事にNINE PERCENTのメンバーとしてデビューを果たしたノンノンを応援すべく、シューはファンの友人たちとWeChatで繋がり、情報交換して応援を続けた。NINE

PERCENTのデビューライブは、上海でももちろん開催された。午後1時のフライトでNINE PERCENTのメンバーたちが上海入りするという情報を得たシューは、ファン仲間たちと一緒に空港に駆けつけた。しかし、シューたちが現場に着いたときはすでにグループ人気ナンバー1のツァイ・シュークン（蔡徐坤）のファンたちが中央部分を陣取っていた。

「さすがって感じでした。ツァイのファンたちは朝の7時くらいから場所取りしていたらしいです。しかも、みんなお揃いのユニフォームを着て万全の体制で待っていたんですよ」。ノンノンのファンは出遅れたらしく、端のスペースで待機していたそうだ。空港出口付近には、NINE PERCENTのメンバーごとにファンが9つの区域に分かれて待機していた。しかし、結局、メンバーはVIP出

ピンクの服にこのさわやかな笑顔で大人気のノンノン
写真提供:iQIYI

シューの部屋に貼ってあったポスター
photo by Hitomi Oyama

口から出てきたそうで、ファンは遠くの出口から出てくるメンバーに写真を掲げて名前を叫び、ファンが考えたスローガンも口にしていたそうだ。「BIGBANGのファン同士ってとても仲が良かったんですけど、NINE PERCENTのファンはみんな個人を応援しているので、別のメンバーのファンとはピリピリした関係なんです」。そのときも、どのメンバーのファンが一番大きな声が出るかで競争になっていたらしい。

日頃、ノンノンの情報は、事務所のWeiboと、本人が発信しているWeiboから得るのだという。「事務所のWeiboでも、やっと近日中のノンノンのスケジュールがシェアされるようになって、私たちも準備しやすくなりました。でも、ファンの私たちの方がソーシャルメディアの使い方をわかっているから、たまに〝なんで人が見ないような時間帯に情報を流しているの？〟とファンの子たちと愚痴ったりしています。私たちの方がPR力があるかもしれないですね」

ちょっと信じられない話だが、ダフ屋からアイドルの個人情報を買っている人もいるという噂だ。「ダフ屋って色々売っているみたいなんですよ。アイドルが乗るフライトの情報とか、アイドル本人の携帯番号を売っていたりなんて話も聞きます」。行き過ぎた追っかけの中には、アイドルが宿泊するホテルの部屋番号を入手して、実際に部屋のドアをノックする人もいるんだとか。これでは、プライベートも何もあったものではない。シューは、もちろん節度を持ってノンノンを応援している。

一番近距離でノンノンに会ったのは？　と聞くと「うふふ、私とノンノンのラブストーリーを話しますね。2018年7月に番組の収録で上海郊外に来たときです」と興奮気味に語ってくれた。「オンライン番組の収録がこの寮から近いと知って、そんな近くに彼がいるんだと思うと、毎晩全然眠れなかったです」と恋する乙女の顔で話してくれた。

実際に会いに行ったとき、ノンノンをはじめ、番組出演者が市場で買い物をするシーンの撮影があった。市場の外で、出演者たちが出てくるのを待っていたファンたち。ノンノンはアイスを食べながら出てきたそう。「ノンノンたちが車で立ち去った後、ファンのみんなで市場に入って、彼が食べていたアイスと同じのを買って食べましたよ、もちろん」。なんとも、可愛いらしいファンたちではないか！　「私のそばを通ったときは、本当にドキドキしました。うわー近い近いって！　ライブで見るノンノンとはもちろん違いますよね。だって、現実の生活の場に彼が存在しているんですから！」

シューは、これまでにも何度もライブに足を運んだ。ラッキーなことに、チケットが抽選で当たったこともあった。また、ネットで、100元弱（約1600円）で購入した電光プレートを持って応援に行ったこともある。電源を入れると「陈立农」の文字がピカッと光り、ライブ会場ではこれをステージに向けて応援するのだ。

「バイトはしていないです。だから、化粧品を買うのを控えて、ノンノンの応援にあてたりして工夫しています」。ノンノンのファンになって1年以上。これまでノンノンの応援のためにかけたお金は7000元（約11万円）ほど。

ファン仲間と
お金を出し合って
移動バスをレンタル。
これに乗って応援に行く

話を聞いているともっとお金をかけているファンはざらにいるようだが、シューは自制心があり、無理な応援、追っかけはしていない。「私が知っているすごいファンは、ノンノンのためにイギリス留学をやめて中国に帰国したんですよ。ノンノンがいる場所には必ず飛んで行く子で、多分20万元（約320万円）以上はノンノンに使ってるんじゃないかな」

中学生の頃からBIGBANGのファンだったという彼女だが、中国アイドルと韓国アイドルとの違いは何なのだろうか。尋ねてみると「やっぱり中国アイドルだと中国語を話しているから、身近な感じがしますね。それは大きいかな」という答え。また、番組を通してリアルタイムでノンノンの成長が見えて、自分もノンノンを育てているという感じがしたという。さらに、ノンノンの中国各地

電光プレートは
中国のファンたちの
必須アイテムだ

でのイベントにも行きやすいのは、BIGBANGの追っかけをしていたときとの大きな違いだ。BIGBANGは韓国のアイドルなので、基本的に韓国での活動が多い。高校を卒業して、中国で開催されたBIGBANGのファンミーティングに参加したことはあるけれど、それ以降、彼らには会えていないそうだ。「BIGBANGも今はグループで活動をしていないですし、もしノンノンが私の人生に登場しなかったら、大学生活はこんなに楽しくなかったかもしれないです。NINE PERCENTが解散してもノンノンはアイドルを続けるわけだし、もちろん変わらずに応援していきますよ！」

さらに彼女はノンノンの魅力について、こんなことも語ってくれた。「彼は親孝行なんです。親に楽させたいって、いつも家族のことを考えていて。まだ18歳なのにすごいって思います」。中国、特に大都市で生活をする若者の中には、地元や家族から離れて生活をしている人が多い。中国人は家族との絆をとても大切にするので、ノンノンのように家族思いなアイドルの言葉は、中国の若者の心に響くのだろう。

シューのようにまず韓国アイドルにハマり、そこから自国のアイドルに夢中になる中国人の若者は増えているという。第1章で紹介したように、過去に中国アイドルが存在しなかったわけではない。昔のアイドルと近年のアイドルの違いをシューはこう話す。「今までのアイドルは、中国色が強すぎて何か違うなって感じがしたんです。でも、今の中国アイドルは、〝完成系〟って感じがする。ダンスも歌も完璧だし、中国色は強くないし、全然違いますね」

私が『Idol Producer』を初めて見たときに感じた、良い意味での違和感の正体もこれだったのだ。彼らは〝中国っぽくない〟のだ。どこか韓国アイドルっぽさがありながらも、中国人らしい素朴で初々しい雰囲気もあった。

14万円のコンサートチケット

さらに、シュー以上にノンノンにお金と時間を費やしているファンに出会った。彼女と出会ったのは、2019年4月6日の『青春有你』最終回の会場だった。スタンディングブースにいた私は、足が疲れたので空いている場所に腰を下ろそうとした。そのとき「これ、お尻に敷く?」と敷物を持って声を掛けてくれたのが彼女だった。彼女の名はグオ・スーティン（郭思婷）。1994年生まれ廈門出身、廈門在住の26歳。実はその最終回の会場には、番組の先輩でもあるNINE PERCENTもゲスト出演していたのだ。グオは、ノンノンの名前の一文字である「农」と書かれた電光プレートを手に彼に会いに来ていたのだった。
「シーズン2も見ましたよ。ノンノンはもちろんベスト1ですが、シーズン2に出ていた別の練習生も気になっちゃって（笑）」。そう言いながらも、「农」のプレートをしっかりと抱えていたのが印象的だった。

彼女のWeChatを見ると、ノンノンを応援するため、廈門から彼がいる場所に毎日のように足を運んでいる様子が窺えた。初めてノンノンを見たのは、番組の公開公演のとき。チケットの抽選に外れたグオは、公演の前日に急遽、廈門から北京に向かうことを決めた。すぐに航空券を取り、朝9時に北京に着いた。スーツケースを手にしたまま、会場に向かう。公演のチケットは、会場にいたダフ屋から購入した。価格はなんと9000元（約14万円）。しかも、入り口でそのチケットが偽物だとわかり、入れないことに。半分泣きそうになりながら戸惑っていたとき、たまたま近くにいた番組スタッフが入れてくれたのだそう。「本当に運が良かったです。私の他にも偽のチケットを手にした子がいたみたいだし。そのスタッフには感謝しています」。無事、会場に入れたグオは、遠目に見る生ノンノンに感動し、それからはノンノンがいるところにはできるだけ足を運ぶようにしてきた。

「彼を一番間近で見たのは、番組の収録で撮影現場に行ったときです。初めて言葉も交わしました」。その番組は、アイドル8名が2グループに分かれ、レストランを運営するというリアリティーショーだ。ノンノングループのレストランに行き、オーダーを取りに来た本人と二言三言、言葉を交わした。「サインもらえますか？　って聞いたんだけど、〝事務所からダメって言われてるんだ、ごめんね。いつか大丈夫になったら、必ずサインするから〟って言ってくれました」

グオは現在、オンライン上でできるファイナンシャル関係の仕事をしている。この1年でノンノンにかけた費用は10万元（約160万円）ほど。全て自分で稼いだお金だ。これまで、アイドルにハマったことも追っかけをしたこともなかったが、「努力しているノンノンの姿に惹かれたんです。あとは、彼の生活が良くなるといいな。そういう気持ちからですね」。ノンノンのようにアイドルを目指している練習生たちと比べると、周りの男友達には夢を持っている人は少ないという。明確な目標に向けて努力しているノンノンの姿がグオには刺さるようだ。

彼氏がいたこともあるが、ノンノンの追っかけを始めてからはいない。両親からは特に追っかけの反対はされていない。「ノンノンがＣＭをしていたフェイスマスクは、私の母も使っていますよ」。結婚は良い相手が現れたらと思っている。「結婚したら、今みたいにノンノンに会いには行けないだろうけど、別の形で応援は続けたいですね。でも、ノンノンに迷惑はかけたくないので、できるだけ遠くから見守っていきたい」と話す。

グオ・スーティン

ノンノンの巨大ポスターの前で。
手には「农（ノン）」の電光プレート

女性アイドルの追っかけ

NINE PERCENT同様、2018年にデビューをしてから番組やCMに引っ張りだこの女性アイドルグループ、Rocket Girls 101にも熱心な追っかけがいる。

1997年福建省南平市生まれ、現在、福建省福州市の大学に通う大学4年生の女性、メイユー（美玉）も、Rocket Girls 101のメンバー、ライ・メイユン（赖美云）の動画をたまたま見て「可愛い！」と一目惚れした。『Produce 101』では彼女に投票し、追っかけをするまでになった。それまでは、好きになった男性のアイドルもいたけれど、あまり長くは興味が続かなかった。アイドルと自分との間に距離を感じたからだ。今回は番組を見て彼女たちのオフショットの動画のリアルな姿が見えたことで、自分との共通点が見え、身近に思えたのだという。レッスンや公演をしている場所まで出向き、実際に会って話をしたことでより親近感が湧き、追っかけをするようになった。「番組出演中、彼女が履いていたスニーカーがボロボロで、せっかくアイドルを目指しているのにイメージが悪くなるよって思って、700元（約1万1000円）のスニーカーを買って直接手渡ししたんです。〝ありがとう〟って言ってくれました。その後、そのスニーカーを履いてくれているのを見たときはすごく嬉しかったですね」

ライ・メイユンの場合、以前に別のアイドルグループに所属していたという経歴がある。そのグループが解散しても諦めずに頑張っている彼女の姿にメイユーは感動し、応援したいと思ったようだ。また、ライは11名のメンバーの中で一番背が低く（153cm）、他のメンバーに比べるとあまり目立たない存在だ。ただ、冗談も言うなどいつも明るいその姿勢が、ファンに好感を与えている。

メイユーはこれまで、追っかけに3万元（約48万円）ほど使った。アルバイトはしているものの、それだけでは足りないので、親からの仕送りを追っかけ代に当てたりした。実家の両親は、メイユーが追っかけをしていることをよく思っていないので、両親とは離れた場所で生活をしているものの、黙って会いに行ったりしている。大学卒業後は、できればアイドルのマネージャーをしたいと思っている。「ライのマネージャーになれたら嬉しいけど、別のアイドルでもいい。もし、この業界が難しければ、専攻の英語が活かせる企業で仕事をして、休みの日に追っかけを続けたい」と思っている。

「私も小さな街の出身で、ライも田舎出身だし、普通の家庭の子っていうのもとても身近な感じがするんですよね」。追っかけを始めたことで、中国各地のアイドルファンと知り合うことができた。年齢も性別もバックグランドも違う人たちと、ライのことやアイドルについて話す。それは、大学生活だけでは得られなかったこと。この一年での大きな収穫だと語る。

メイユーが「私と同じくライ・メイユンの追っかけをしている男性がいるから紹介するわ」とWeChatで繋いでくれた。しかもその男性は、カナダで生活をしているのだ。なんと、はるばるカナダから中国までライに会いに行っているという。

1991年生まれのシャオヨウ（小游）は、2010年の高校卒業後にカナダの大学に留学した。大学卒業後はハンバーガー店に就職が決まったが、取材をしたとき、ちょうど仕事を辞めたばかりで間も無く中国に帰国すると話していた。「仕事は結構きつかったね。職場に中国人もあまりいなかったから、そのおかげで英語力は伸びたけど、ストレスは大きかったな」。そんな疲れた彼を癒してくれたのがライ・メイユンだ。「小さくて元気で可愛くって、一目惚れだったよ」。ライのことを知ったのは、やはり『Produce 101』を見てとのこと。それまではむしろ「アイドルなんてくだらない」「追っかけする人って意味わかんない」という考え方だった。

もともと、サッカーやバスケットボールが好きなシャオヨウは、カナダでも中国人で構成されたチームに入り仲間と楽しんでいた。「そのチームのみんなが番組の話をしていたんだけど、俺、全然知らなくって話についていけなかったんだよね。それで、番組を見てみたんだ」。もともと、中国の古典的なモノが好きなシャオヨウ、ライは初めて番組に登場したとき、真っ赤な中国の古典スタイルの服を着て登場して、彼の心を掴んだ。「ヤバい、可愛いって思ったよね」。その日を境に、アイドルの追っかけに否定的だったスタンスが一転、カナダからライがいる中国各地を訪れるほどの熱狂的なファンになった。

2018年6月23日、番組最終回、生配信が行われ、Rocket girls 101が誕生した。その数日前、シャオヨウは休みを取り、撮影場所の杭州まで行くことに決めた。6月21日の夜に会場に着くと、すでに大勢のファンたちが彼女たちのリハーサルが終わるのを待っていた。シャオヨウもそこに加わり、一緒に出演者が出てくるのを待った。夜中3時を回っても、リハーサルが終わる様子はない。仕方なくその場を離れ、番組出演者が泊まっているホテルで待つことにした。結局、出演者たちは朝の6時にホテルに戻ってきた。そのとき、初めてライと会い、励ましのメッセージを書いた手紙を渡した。「やっと会えたって思ったよね。感激したよ」

ダフ屋を通じて2000元（約3万2000円）で購入したチケットを手に、最終回の会場に入った。ライは、前日まで10位でギリギリデビューできるかどうかという位置につけていたが、最終的に6位で名前を呼ばれ無事にデビューが決まった。「ライの名前が呼ばれたときは、周りの男のファンたちと抱き合って喜んだよ！」

それから1年、2019年6月23日には、Rocket Girls 101デビュー一周年のイベントが開催される。「その前には、中国に帰国しようかなって思ってるんだ。仕事も辞めたし、一度中国に帰って、そのイベントに行って、その後でイギリスの大学院に通う予定だよ」。ライの追っかけのために使ったお金は、この一年で2万元（約32万円）ほど。「自分で稼いだお金だけじゃなく、親からの仕送りも使ったよ」。両親はシャオヨウの追っかけに対しては「特に何かに害を与えているわけではないし」と寛容なようだ。「ただ、実家がグッズだらけになってきて、迷惑だって思ってるみたいだけどね」

もともとアイドルに興味のなかった彼が、これほどまでにライに夢中になるのはなぜなのか？「彼女は精神的な支えだよね。ライが頑張っている姿を見ると、俺も元気をもらって、頑張ろうって思えるんだ」。ガールフレンドがいたこともあるが、彼女とライは別。「恋愛しているときも毎日楽しかったけど、ライの追っかけのときの楽しさはまた別物かな」。iQIYIで新たに女性アイドルバトル番組が始まるみたいだけど、それは観る？と聞くと、彼の答

客席でフランスパンを持っているのがシャオヨウ。ライのニックネームは「小面包（小さなパン）」。大きなパン＝「フランスパン」を手に「頑張れ!」と応援に行った

えはノーだった。「全然、興味ないな。ライの出ている番組しか見ないよ。これからもライの追っかけは続ける。仕事も頑張って、そのお金をライに使うよ」。シャオヨウに取材をしたのが2019年5月。その後、彼は中国に帰国してライの追っかけを続けている。

アイドルを目指すZ世代

2019年4月に北京に行ったとき、ショッピングモールでアイドルバトル番組『青春有你』のファンサービスのスペースが期間限定で用意されていると聞き行ってみた。その会場の壁に貼られたアイドルの写真と一緒に、友達と楽しそうに写真を撮っているユエユエ（月月／仮名）に声をかけた。彼女は2002年、山西省大同市生まれ。現在、北京の高校に通う17歳だ。オンラインのアイドル番組にハマり、その中に登場した数人のアイドル練習生のファンになり、会場に来ていたのだ。彼女の手の甲には、〝推し〟のアイドルの名前がボールペンで書かれていた。写真を撮らせてもらおうとすると「あ、撮るならちょっと待って。薄くなっちゃったから上から書き足すわ」とその場でボールペンで書き足してくれた。「学校の制服にもアイドルの名前のイニシャルを書いているよ」それも彼女たちの応援方法の一つなのだ。

「制服にアイドルの名前を書く?」と疑問に思う人もいるはずだ。実は中国の中学、高校の制服は日本のような可愛らしいものではなく、ジャージなどの運動着がほとんど。共通の上下のジャージを着た学生が登下校している姿は、中国の街を歩いているとよく見かける。「漢字のフルネームで書くと恥ずかしい」からイニシャルなのだそうだ。

取材で出会った後、実はユエユエ本人もアイドルになりたいと思っているということを、本人とのWeChatでのやり取りで知った。「夏休みに入ったらダンスレッスンを受けようかなって思っていたんだけど、母親と相談して来年の入試が終わったら通う予定」。アイドルになりたいと思ったのは、中学二年生のとき。韓国でデビューをした中

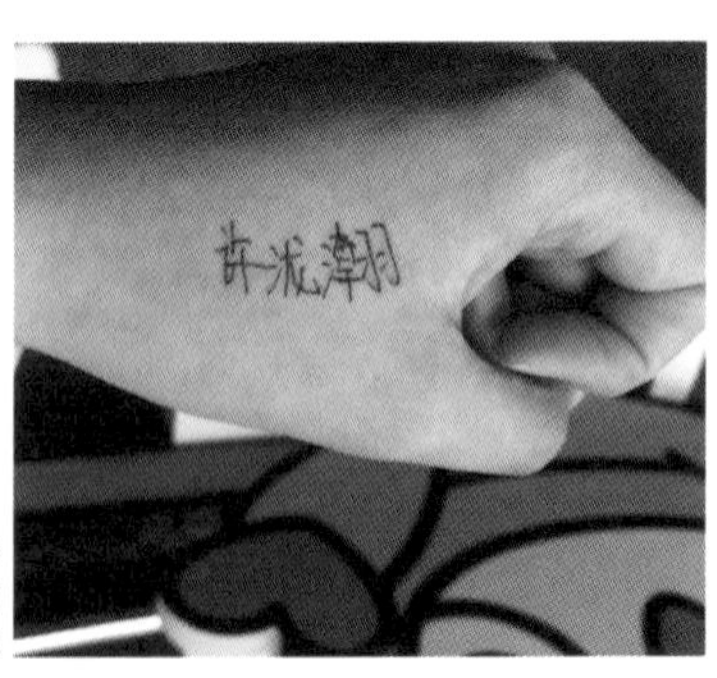

ボールペンで
"推し"アイドルの名前を書いて応援
photo by Hitomi Oyama

国の男性アイドルの歌とダンスを見てかっこいいと思ったから。両親はユエユエがアイドルを目指していることには理解があるようだ。チャンスがあれば、韓国でダンスや歌の短期レッスンを受けることも検討している。今は、週末に自宅で映像を見ながら踊ったり歌ったり、自分なりのトレーニングをしている。「ギターも習い始めて1年が経ったわ」。少しずつ、アイドルになるための準備をしているようだ。行きたい大学は、「好きな女性アイドルが卒業した大学」だ。その女性アイドルが卒業したのは、北京にある有名な放送系の大学。憧れのアイドルと同じ道を歩めたらと夢は膨らむ。

今の中国の高校生はどんなものにいくらくらい使っているのか気になって聞いてみた。「一カ月でだいたい800元（約1万2800円）使っているかな。洋服とか、化

会場は週末になるとアイドルファンでごった返していた
photo by Hitomi Oyama

粧品とかが多い」。もちろん、アルバイトはできないので親から小遣いをもらっている。中国の高校生も化粧をして学校に行っているのかと少し驚いたが、「学校では禁止されているから、週末出かけるときに少しだけお化粧している」とのこと。「余裕のある家の子は、毎月3000元（約4万8000円）から4000元（約6万4000円）使っているみたい」と言うから驚いた。都市部の平均月収ほど使っているのだ。

ユエユエにとって結婚はまだまだ先のことかもしれないが、結婚観についても聞いてみると「今はまだ結婚のことは考えていないけど、でも、ウエディングドレスは着てみたいかな」というなんとも可愛い回答だった。

悩めるTikTokのスター

日本でもおなじみの「TikTok」をはじめとする動画作成、配信アプリは、ミレニアルズやZ世代生まれの人気ツールだ。**TikTokの毎日の利用者は、中国国内だけでも2・5億人を突破した。また、毎月の利用者は5億人を超すとのデータもある**（2018 TikTokデータ報告)。そのアプリで120万人のファンを獲得した女性に話を聞くことができた。

1991年、湖北省の小さな町で生まれたグオ・ジエ(郭杰)は、2014年から上海で生活をしている。ピーク時はTikTokで120万人のファンがいた。「最近は以前ほど動画をあげなくなったから、80万人に減っちゃった」と語るが、80万人でも十分な数だ。

グオは、2018年3月にTikTokをダウンロードした。3月27日に初めてアップした動画は、自分が歌っている姿だった。テイラー・スウィフトなどのポップソングを歌うことが大好きだというグオは、上海で知り合った同じように歌が好きな人たちと一緒に上海の路上で歌っていた。自分で動画を上げたときは、それほどファンはつかなかった。しかし、一ヶ月後、グオの歌う姿を見た人がTikTokで動画をシェアすると、一気にファンが増えた。「その動画を見た人から、イベントで歌って欲しいって仕事が入ったわ」。今でもたまにイベント出演の依頼はあるけれど、去年に比べると減った。彼女の動画を見てみると、ハスキーボイスで声がしっかり通っていて、かっこいい。ファンになる人が多いのも頷ける。

上海に来てから2年8カ月、広告会社で事務の仕事をした。月収は約4000元（約6万4000円）で残業もあったし、ずっと続けたい仕事ではなかった。2017年4月に仕事を辞め、約一年の間はアルバイトなどで生活費を得た。そして、TikTokを通して仕事を始めることになる。TikTokでの動画を見て、「ファンを増やしてあげるよ」「イベントを取ってくるよ」などと声をかけてくる仲介者のような人たちもいた。でも、どれも先が見えなかったので断った。「でも、一人でTikTokに動画を配信するのって限界があるんですよね。どうやって続けたらいいかもわからないし」。次第にTikTokに動画をあげる回数が減っていったが、今でも「歌うまいですね！」などファンからメッセージが届くと嬉しいと語る。

「TikTokをやってみて、自分が好きなことをみんなが

グオ・ジエ

〝いいね！〟って褒めてくれて、精神的に満たされた感じはあったかな」。取材を行った2019年7月の時点ではTikTokと少し距離を置いて、これから仕事を探す予定と話していた。彼女と話をするにつれ、中国の小さな町から都会に出てきた人の苦労や戸惑いが感じられた。

料理動画のインフルエンサー

グオとは違い、動画アプリでコンスタントに動画をあげ、どんどんファンを増やし、企業からタイアップを依頼され、広告収入で生活をしている売れっ子もいる。1989年北京生まれのツァオ・シューチャオ（曹书侨）だ。北京の大学で日本語を専攻し、卒業後は一年、日系企業の北京オフィスで働いた。その後、東京の大学院に留学。大学院1年生のときから、CCTV（中国中央テレビ局）東京支局でインターンを始め、大学院卒業後は記者として2017年まで勤めた。その後、北京に帰国するまでの一年は、プライベートジェットの会社に勤めた。現在はインフルエンサーとして活躍している。

彼女が使っているプラットフォームは、中国の動画共有サイト「bilibili（哔哩哔哩、ビリビリ）」とWeiboだ。最近、TikTokも始めた。bilibiliに動画をあげたのは2016年。「もともと、食べることが好き」「日本のヘルシーで脂っこくない料理を食べてきたので、みんなにもシェアしたい」という思いがあったことから、和食や自分のオリジナルレシピを動画で紹介している。

「晴れた日じゃないと綺麗に撮れないから、撮影は天気に左右されるんです」と語るツァオの動画を見てみると、ツァオの日本語が入ったり、笑いの要素も入ったナレーションと共に、彼女自身が実際に調理している手元が映されている。確かに、どの動画も画面がクリアで綺麗だ。「実は、自宅の窓際の狭いスペースで撮影しているんです」と笑いながら話してくれた。動画をあげると、見てくれる人が徐々に増えていった。動画を気に入ってくれた人からは「次も楽しみにしています！」とメッセージが届き、どんどんやる気が出てきたそう。

現在、彼女のbilibiliのファンは10万人超え、Weiboのファンは70万人超え。TikTokのファンは26万人ほど。料理の動画は、毎週一回は必ず新作をアップする。企業とのタイアップ動画も作る。料理の動画では、料理器具の会社から依頼されて、その器具を使った料理を動画で見せることで、広告として報酬をもらう。最近では某有名ＩＴ企業からもタイアップの依頼があった。

２０１６年から動画を発表してきたが、２０１８年３月に北京に帰国して、インフルエンサーを本業にしようと決めた。とはいえ、すぐにフォロワーが増えるわけでも、仕事が舞い込んでくるわけでもなかったので、通訳、コーディネーター、カメラマン、編集者などの仕事をしながら、動画配信を続けた。２０１９年に入り、フォロワー数も仕事も増え、晴れて売れっ子インフルエンサーとして毎日忙しく過ごしている。「もともと、映像の撮影と編集が好きだったんです。大学院の卒業制作でもドキュメンタリーを発表しました」

ツァオ・シューチャオ
「軽食堂猪侨」が彼女のID

最近は、外出先でファンから声をかけてもらえる機会も増えた。bilibiliのファンは「日本好き」な人が多いので、日本のバンド［ALEXANDROS］の北京でのライブを観に行ったとき、会場で複数のファンに声をかけられた。

インフルエンサーになった直接的な理由として、北京に帰国したらレストランをオープンしたいという気持ちがあったのだが、家族、親戚一同から全面的に反対され、誰一人として支持してくれなかったという苦い思い出も話してくれた。幼馴染にそのことを話すと「好きな料理を動画で発信して、人気が出てからまた考えたら？」とアドバイスをくれた。そのことがきっかけとなり、今に至る。

「とはいえ、撮影がうまくいかなかったことも何度もあったし、大変なこともあります」。ラザニアをオーブンから取り出したときに手を滑らせ、床にぶちまけて再度作り直すこともあった。「でも、プロセスが楽しいし、好きなことをやっているから」と言うツァオはとても楽しそうだ。1日かけて撮影をし、編集には2日ほどかける。そして、ナレーションを入れる。その全てを一人でこなすため、毎日の睡眠時間は4時間しかない。好きなこととはいえ、それを仕事にするのは簡単ではない。「収入が安定して、本当にお店がオープンできるようになるまでインフルエンサーとして活動を続けていきたいです」

1カ月で240万円を稼ぐインターネットセレブ

ツァオのように、自分が好きなことをみんなに紹介することで共感を得てファン数を増やし、企業から声がかかり報酬に繋がっているケースもあれば、マネージメント会社に所属しながら、ライブ配信をすることで収入を得ている人もいる。それがいわゆる、中国語で言う「网红＝インターネットセレブ」だ。先述の中国の書籍『游牧』によると、**1995年から2000年に生まれた世代の54％が「将来はネットセレブになりたい」と思っているという。**

友人の紹介で、ライブ配信アプリ「Huajiao Live（花椒直播、ホアジャオ・ライブ）」のファン60万人以上、TikTokのファン100万人超えの女性にインタビューをしたことがある。待ち合わせのレストランにやってきた彼女の顔を見てすぐに「あ、この人も整形だ」と思ってしまった。「も」と書いたのは、中国のネットセレブは整形をしている人が多く、ほぼ同じ系統の顔ばかりで見分けがつかないからだ。そのような顔のことを中国語で「网红脸」（日本語に直訳すると「ネットセレブによくある顔」）と言う。

天津（てんしん）の音楽大学で演劇と映像を専攻していたその24歳の女性Xは、Huajiao Liveで課金額がトップクラスだった。事務所に所属している、正真正銘のセレブだ。「録音しない」という条件で彼女に話を聞くことができた。

Xが初めて生配信をしたのは、2016年の大学3年のとき。クラスのほとんどの子が生配信をやっていたし、何よりも「若くて稼げるときに稼がなきゃ」と思ったそう。大学卒業後は、大学院に進学するか、お金を稼ぐかの二択だと考えていた。でも、大学院を卒業して就職しても給料は高が知れている。だったら、若いうちにうまく稼ごうと考えたのだ。話を進めるにつれ、彼女がとても現実的な考えを持っていることを知った。

初めの配信では、視聴者は100人ほど。メッセージをくれたのは5、6人だった。しかし、毎日配信を続けることで、徐々にファンが増えていった。一カ月後には一気にファンを増やし、ファンからの課金もあり、そこそこ稼げるようになっていった。ファンが増えた理由としては、「毎日続けたということは大きいかも。あとは、私の容姿に惹かれた男性ファンが増えたからかな」。彼女のファンの99%が「都市部で生活している男性」だという。

今は、毎日夜10時から12時まで生配信を続け、2時間の配信終了後は、WeChat上でファンとメッセージのやり取りをする。それが終わるのは夜中の2時過ぎだ。それからやっと就寝。「ファンを獲得するためには、配信だけじゃダメ。彼らの悩みとか、いろんなことを聞いてあげることも必要なの。そういう意味では、会社員より大変かもしれないわ」とサラリと語る。「でも、日中は寝ていられるんでしょ?」と聞いてみると、「日中は、ボイトレとダンスのレッスンに通っているわ。あとはジムに行って身体を鍛えたりね」。**ネットセレブは、もはやアイドルや女優、またはホステス、ホストに近い存在のようだ。ファン獲得のために、常に自分を磨く必要がある。**ファン以外には、ライバルの配信者も彼女の配信を覗きに来るというから、毎日が競争なのだ。

実際、ファンからの課金などで彼女はいくら稼いでいるのだろうか？　色々と引かれる部分はあるものの、一カ月で平均手取り15万元（約240万円）と聞いて「さすが、生配信大国、中国！」と驚いた。でも、ここまで稼いでいる人はそうそう多くはないようだ。ファンからの課金のほか、自分が本当にオススメしたいと思った商品を宣伝することで、企業から報酬をもらったこともある。

配信で話す内容は、今日一日どう過ごしたかとか、たわいのないことからスタートする。「明日、日本人と会うっていうことも昨日の生配信で話したのよ」と言われた。ファンの人たちの「相手をしてあげる」のが最大のポイントらしい。なので、配信中に届いたファンからのメッセージにも瞬時に応えることを忘れない。彼女はファンにとって「恋人でも仲の良い友達でもないけれど、それでもどこ

一カ月で240万円を稼ぐX

か気になる人」というポジションにいるのだと語る。

彼女のことを自分の娘を理解するための窓口のように思って、生配信を見てくれている40代の男性ファンもいる。子どもがいるファンには「金銭で子ども供を支えるのではなく、精神的な支えになって欲しい」とメッセージを送り、若いファンには「家族と一緒に過ごせるうちは、時間をとって一緒に過ごして欲しい」と伝える。

配信の際、自分の中で決めているルールがある。「マイナス面は出さない。そして、マイナスなコメントは読まずに飛ばす」ということ。ファンたちには、前向きになれるようなメッセージを発信するように心がけている。「配信の初めから終わりまで、ずっと泣きながら画面に向かっている子とかもいるんだけど、あれは本当に意味わかんないわ」とその動画を見せてくれながら話してくれた。

彼女の両親は、自分の娘が生配信をして生計を立てていることを実際どう思っているのだろうか？「初めはよく思ってなかったわ。でも、実際に私の配信を見て、悪いことはしていないみたいだし、娘が毎日どういう生活を送っているのかが見えるから悪くないなと思ったみたい」とのこと。母親とはよく買い物に行ったり、映画を観に行ったりする。街でファンに声をかけられることも多々あるけれど、そのときは、挨拶をしてさりげなく去るのがポイントだ。

「稼げるときに稼ぐ」という目的からスタートした生配信だが、この生活をいつまで続けようと思っているのだろうか？　「辞めどきと思ったら辞めるわ」となんともあっさり。「生配信を辞めたら、美容外科でも経営するわ」と、将来のことも頭にある。実は、彼女の身内には美容外科医院を経営している人がいるらしい。なるほど、だから整形に対しても寛容なのだ。色んなことが腑に落ちた。

生配信を始めてからは、彼氏は作っていない。「彼氏と一緒にいるところを見られたら、ファンに対して失礼だしね。でも、〝本当にこの人と一緒になりたい〟と思える男性が現れたら、そのときは生配信は辞めるわ」と、とても気持ちのよい回答だ。

一時間半程度の食事兼インタビューではあったけれど、彼女と話したことで、私が勝手に思い描いていたネットセレブへのイメージは完全に崩れた。Xが特別なのかもしれないが、このプラットフォームの怖さも楽しさも重々承知の上で、とても真面目に、誠実にオンラインのプラットフォームでのコミュニケーションを仕事にしている。私にはとうていできない仕事だと、尊敬の思いで彼女を見送った。

おわりに

お読みいただいて、どうだっただろうか。

「こんな中国があるんだ！」

「ミレニアルズって勢いがあるなぁ！」

そう思って、ちょっとでも中国に興味を持っていただけたら嬉しい。


好奇心の赴くままに、ミレニアルズのリアルについて、友達、友達の友達、友達の友達の友達……にどんどん話を聞いた。

気がついたら、50名を超えるミレニアルズにインタビューしていた。

この本に掲載しきれなかった話もたくさんある。

最終的にどのようにまとまるのか取材中は全く予想できなかったけれど、こうして1冊にしてみると、ミレニアルズの「今」が星座のように浮かび上がってくる本になった。

私自身は、ミレニアルズを「世代」としてひとまとめにして、その消費傾向を語る……ということにそこまで興味がない。

それよりも、一人ひとりの彼・彼女たちに向き合うことが好きだ。

それでも、あえて「ミレニアルズ」という世代の括り方を使うのは、そうでもしないと、あまりにも人口が多くて多様な中国の若者たちを理解できないからだ。

この本では、ミレニアルズだけでなく、それに続くZ世代や、親世代との違いにも触れた。

また、大都市と中都市の若者のライフスタイルの違いにも、少しだけ触れている。

この本では取り上げられなかった、小都市や農村のミレニアルズやZ世代もたくさんいる。

私にとって中国とは、そういうカラフルな多様性を秘めていて、いつも驚くような変化を見せてくれる存在だ。

最後に。アイドル、ヒップホップ、ファッション、映画、ドラマ、どのテーマでもいい。

この本を読んで興味を惹かれたものがあれば、ぜひ、ご自分の目でそのリアルを見て欲しい。

きっと、想像をはるかに超えて、ワクワクするはずだから。

小山ひとみ

小山ひとみ（おやま・ひとみ）
中国のミレニアルズやユースカルチャーが得意分野のライター、「フェスティバル/トーキョー」中国プログラムキュレーター、中国語通訳・翻訳者。2003年から2005年まで中国の国営ラジオ局「中国国際放送局（北京放送）」の日本語部に勤務。現在は『STUDIO VOICE』『装苑』『リアルサウンド』『HEAPS』『美術手帖』などのメディアに中国のカルチャーに関する記事を執筆している他、中国のメディア『日和手帖』『with eating』に日本の情報も提供するなど、日本と中国の「いま」にフォーカスして情報発信を続けている。
HP：http://www.root-xiaoshan.com

中国新世代
チャイナ・ニュージェネレーション

発行日　2019年12月19日　第1刷発行

著者　小山ひとみ

編集・構成　三浦修一（スモールライト）
装丁　松田 剛＋大朏菜穂（東京100ミリバールスタジオ）
校正　会田次子

発行者　中村孝司
発行所　スモール出版
〒164-0003　東京都中野区東中野3-14-1 グリーンビル4階
株式会社スモールライト
電話　03-5338-2360
FAX　03-5338-2361
e-mail　books@small-light.com
URL　http://www.small-light.com/books/
振替　00120-3-392156

印刷・製本　中央精版印刷株式会社

Printed in Japan
ISBN978-4-905158-73-8